宇宙的尽头是哲学

32节哲学通识课

Enlightenment
Philosophy
In A Nutshell

启蒙
哲学
篇

[英] 简·奥格雷迪 著
修佳明 译

北京联合出版公司

图书在版编目（CIP）数据

宇宙的尽头是哲学：32节哲学通识课. 启蒙哲学篇 /（英）简·奥格雷迪著；修佳明译. -- 北京：北京联合出版公司, 2023.5
ISBN 978-7-5596-6785-4

Ⅰ.①宇… Ⅱ.①简… ②修… Ⅲ.①哲学—通俗读物 Ⅳ.①B-49

中国国家版本馆CIP数据核字（2023）第050470号

Copyright © Arcturus Holdings Limited
www.arcturuspublishing.com

Simplified Chinese edition copyright © 2023 by Beijing United Publishing Co., Ltd.
All rights reserved.
本作品中文简体字版权由北京联合出版有限责任公司所有

宇宙的尽头是哲学：32节哲学通识课. 启蒙哲学篇

[英]简·奥格雷迪（Jane O'Grady） 著
修佳明 译

出 品 人：赵红仕
出版监制：刘 凯 赵鑫玮
选题策划：联合低音
特约编辑：赵璧君
责任编辑：翦 鑫
封面设计：黄 婷
内文排版：聯合書莊

关注联合低音

北京联合出版公司出版
（北京市西城区德外大街83号楼9层　100088）
北京联合天畅文化传播公司发行
北京美图印务有限公司印刷　新华书店经销
字数198千字　880毫米×1230毫米　1/32　9.75印张
2023年5月第1版　2023年5月第1次印刷
ISBN 978-7-5596-6785-4
定价：56.00元

版权所有，侵权必究
未经许可，不得以任何方式复制或抄袭本书部分或全部内容
本书若有质量问题，请与本公司图书销售中心联系调换。电话：（010）64258472-800

目录

前言
什么是启蒙哲学
· 001 ·

第 1 课
通向启蒙之路
· 007 ·

第 2 课
我思故我在
勒内·笛卡尔
· 029 ·

第 3 课
天赋并非天生
约翰·洛克

· 063 ·

第 4 课
上帝并不存在
本尼迪克特·德·斯宾诺莎

· 093 ·

第 5 课
物质世界并不存在
乔治·贝克莱

· 119 ·

第 6 课
认识论：心灵如何让人类思考、感觉和行动？
大卫·休谟

· 143 ·

第 7 课
道德哲学：理性只是情感的奴隶
大卫·休谟

· 177 ·

第 8 课

自然使人善良、幸福

让-雅克·卢梭

· 199 ·

第 9 课

认识论和形而上学：形而上学是真正的哲学

伊曼努尔·康德

· 223 ·

第 10 课

道德哲学：世间万物都来自因果

伊曼努尔·康德

· 261 ·

术语表

· 289 ·

启蒙主义人物表

· 299 ·

前言

什么是启蒙哲学

什么是启蒙哲学？早在1784年，伊曼努尔·康德就曾写过一篇回答这个问题的文章；直到两个多世纪后，人们仍在热切地追问答案。"启蒙"所启的是什么蒙？是教条、权威、等级、

> **什么是启蒙？**
>
> 普鲁士神职人员约翰·弗里德里希·佐尔纳曾在1783年写过一篇维护婚姻制度、慨叹世风日下的文章。他在一条充满愤慨的脚注里提出了"什么是启蒙"这个问题。他写道："这个问题几乎与'什么是真理？'同等重要。在人们开始启蒙之前，应该首先给出这个问题的答案。"
>
> 除了康德以外，还有很多知识分子也接受了回答"什么是启蒙"这一问题的挑战，其中就包括摩西·门德尔松。

宇宙的尽头是哲学

启蒙触达了社会的最上层，如图所示，路易十四正在拜访巴黎的皇家科学院。

从乔纳森·斯威夫特的讽刺作品（如上图所示的《格列佛游记》）到伊曼努尔·康德的最为郑重的道德哲学，都在启蒙的范围之内。

迷信、宗教控制和宗教排异？其实这都没错，但是"启蒙"从根底上就是不信神吗？实际上它能做到怎样的启蒙？启蒙者又是哪些人？像普鲁士的弗雷德里克二世和俄国的叶卡捷琳娜大帝这样的"开明专制君主"算得上名列其中吗？"启蒙"究竟是一场整齐划一的运动，还是欧洲有多少国家，就有多少种启蒙？又或者，它是像历史学家乔纳森·伊斯雷尔最近提出的那样，曾经是一场运动，却切分成了两个对抗的流脉——反传统的"激进派"和更偏保守的"温和派"？"反启蒙"究竟是该与"启蒙"分而论之，还是说，它其实是"启蒙"不可或缺的一部分，更是其复杂性和丰富的矛盾性的标志？

关于启蒙的源头是欧洲的哪国这一点，都没有引发过争论，因为人们执着于它到底从何时开始而争论不休。那么启蒙是从笛卡尔在17世纪早期提出怀疑论时就已经开始了吗？是在三十年战争结束时的 1648 年左右？是始于来自宽容的荷兰的斯宾诺莎，还是来自 17 世纪英格兰的牛顿和洛克？或是直到 18 世纪初法国接受"盎格鲁狂热"的启示之时才开始吗？可它又是在什么时间结束的呢？——是 1789 年的法国大革命，1804 年康德的逝世，还是拿破仑战争的爆发或结束？即便取最早和最晚的时间点为界，启蒙仍不免出界，向后可追溯至文艺复兴时期，向前可延伸至浪漫主义时代。

启蒙在科学发现、文学、音乐、艺术和建筑等方面取得了丰硕的成果，在哲学上也不例外。可是，若要全面完整地介绍伽利略、牛顿、拉瓦锡、日心说、蒸汽机的发明、贝卡里亚和亚当·斯密的经济学、巴赫、亨德尔、海顿和莫扎特充满旺盛活力的神性（divinity）、明暗对比、伦勃朗、鲁本斯、维米尔和委拉斯凯兹的裸体画与肖像画、巴洛克教堂华丽的情感表现、笛福和理查德森带动的小说的兴起以及来自乔纳森·斯威夫特和伏尔泰等人的讽刺佳作，非几卷本的大部头著作不可。既然如此，它怎么可能塞进这样一本小书呢？

这自然是不可能的。但话说回来，有时候，如果要就某个主题的感知展开交流或者激发更深入的研究，精缩本反倒称手好用。虽然这本书只讲了少数几位启蒙思想家，包括笛卡尔、洛克、斯宾诺莎、贝克莱、休谟、卢梭和康德，但我希望展示出，他们在面对如霍布斯、莱布尼茨、哈奇森、伏尔泰和狄德罗等前辈及同辈的观点时，是如何进行回应、发展、改造与批判的，进而将启蒙作为一个整体，揭示其无与伦比的勇气与革新精神。

书中每一节课的开头都有一段简短的概要，点明了该课程讨论的哲学家何以立于不朽之地，而结尾处则会提供一份梳理本节课核心概念的要点总结。我在每一节课中还会呈现某些关于哲学家生平的细节。因为正如尼采的名言所示，尽管科学家和哲学家不等同于他们的作品，但是哲学仍是从哲学家本人的气质和精髓中酿造出来的，是创造者的"一种不自觉和无意识的回忆录"。哲学家的生平是哲学的说明与阐释，特别是在个体的实践与其理论发生矛盾之处，尤为如此。

我在概述各位启蒙思想家的观点时，使用了现在时，用意不在将其作为一种历史现代时使用，而是将其视为一种不朽思想的现在时。在个别情况下，为了强调历史语境的重要性，我会使用过去时来介绍哲学家的著作。例如，我有时需要拿某位哲学家过去的言论与他最终的观点来进行对比，或者，我需要提到一位时代更早的思想家，他的著作是当前这位哲学家回应的对象。

启蒙哲学家

- 勒内·笛卡尔（1596年—1650年）
- 约翰·洛克（1632年—1704年）
- 巴鲁赫·德·斯宾诺莎（1632年—1677年）
- 乔治·贝克莱（1685年—1753年）
- 大卫·休谟（1711年—1776年）
- 让-雅克·卢梭（1712年—1778年）
- 伊曼努尔·康德（1724年—1804年）

第 1 课

通向启蒙之路

大约在公元前 600 年,古希腊公民泰勒斯曾发问道:"'众多'之下的那个'一'为何物?"在此之前,人类的才智更倾向于——借由数学和技术——零敲碎打地操控世界,而神话是把世界作为一个整体进行解释的唯一方式。泰勒斯的问题源于一种(在当时看来)奇特新颖的观念,认定有一种单一的原理(arché,始基),为世界上林林总总的事物赋予了特征与活力,还做出了那个激发出一切哲学与科

泰勒斯,文字记载中最早的哲学家,他曾问:"'众多'之下的那个'一'为何物?"

学问询的关键性区分——事物看起来像什么与它们实际上是什

么样的区分。

不久之后，那些从事所谓智慧之爱（philos sophia）事业的人，开始把聚光灯转投在他们自己身上。他们意识到，他们研究的东西，是经由他们的思想和人类的眼、耳、皮以及其他特定的感觉器官为媒介进行研究的。同科学一样，哲学一直以来都想排除事物表面上所呈现出的"样貌"的影响，去认识万物究竟为何物，但是这也引发了一个问题："万物看起来的样子是由什么或者由谁来看的？"我们不能把自己挤出我们的所知，不得不审视我们的所见与真实所见的距离究竟多远。或者即便我们的所见即我们真实的所见，那么我们相信的东西又在多大程度上为真。公元前3世纪，怀疑论者（skeptikoi，询问者）曾提出疑问，怀疑我们是不是根本无法认识任何事物。这一疑问或

一切学科的摇篮

在所有的科目或学科都还没有被定义和区分之前，哲学是一切学科的摇篮，但是各种各样的知识领域逐渐从哲学中剥离分裂出来，每一种都围绕着不同的基底、视角、方法和话题凝聚结晶。保留下来的哲学内核分裂成为：
- 形而上学（关于本质和现实结构的研究）
- 认识论（关于我们是否认识、如何认识以及认识什么的研究）
- 逻辑学
- 美学（关于艺术和美的研究）
- 伦理学、政治哲学等

许有点极端，但是怀疑主义对于所有的哲学思考也都是不可或缺的。

哲学的与众不同之处不在于它的主题对象，而在于它的技术方法——哲学家把相对灵活的开放性和较为严谨的精确性相混合，混合的过程极为困难，仿佛行走在细窄的钢丝上，脚下是一片杂芜不分的混沌，他们要设法把这片混沌固定、切分并重新聚合成有意义的概念，还要理清楚现存的模型和范畴。一位哲学家的装备就是他（她）本人。我们自己的直觉[1]就是一台校音器，用以检验关于某物的思考或言说的合理性。可尽管哲学依赖直觉，还是必须对我们的推理所基于的所有前提和看似确定的事实条件发出质疑。

此外，哲学还是一次交谈，对其他的哲学家过去发表或正在发表的言说进行回应、反驳和发展，以及推翻。本书呈现了一个颇具标示性的事实：作为本书开篇的笛卡尔和结尾的康德，二人都对哲学在当时所处的糟糕状况表达了痛惜（分别在1641年和1781年）。对于表象／现实的区分，比以往任何时代都更令人捉摸不清。

介于亚里士多德和笛卡尔之间的几个世纪

公元380年，雅典的哲学全盛时代已完结——同样衰落的还有希腊和罗马的斯多葛学派和新柏拉图学派——最初势力很小

---

[1] 哲学中的一个术语。——编者注

的一个宗派——基督教,被推举为在罗马帝国占统治地位的教义,而且很快成为唯一得到官方认定的宗教。在接下来的一千年,宗教权威既是统一连接人们思想和行为的纽带,也成为一副禁锢思想和行为的镣铐。在欧洲,思想或思想的表达,不得不与基督教正统教义保持一致,而在公元700年后,在中东和部分西班牙地区,伊斯兰教扮演了同样的角色。

当然,这只是泛泛之谈。有时会有人认为,基督教本身就蕴含了启蒙的胚芽。《福音书》中的基督就集中关注真实的所感和所想,而不是仅仅被颁定或言说之物。早期基督教通过对个体良知的坚持,推翻了家族、民族、城邦、等级制度和传统习俗在古代世界的优先地位。圣保罗说:"不分犹太人和外邦人,不分奴隶和自由人,不分男人和女人,你们都在基督里合而为一。"但是,基督教的这种"内在性"和范畴超越性被权力和繁文缛节削弱了。

18世纪时,伏尔泰曾写道:"天主教、使徒教和罗马教,于其繁复冗杂的仪式和教条之中,走向了耶稣教义的反面。"前基督教时代的古希腊罗马文化在13到16世纪欧洲文艺复兴中的重生、伽利略对于太阳处在宇宙中心的发现、比埃尔·培尔的《历史批判辞典》(被称为"启蒙运动的武器库")、对于知识更加自由的追求、以印刷品为媒介的更广泛的知识传播,以及《圣经》的翻译,这些无一例外地受到了来自教会的严酷镇压。

马丁·路德在16世纪发起的宗教改革运动,意在由内而外地改革宗教,结果引发了一场分裂,天主教徒与新教徒在神圣罗马帝国开战,三十年战争爆发,其间有大约八百万人于此

A GENERAL DICTIONARY, Hiſtorical and Critical:

IN WHICH

A New and Accurate TRANSLATION of that of the Celebrated

Mr. BAYLE,

WITH THE

CORRECTIONS and OBSERVATIONS printed in the late Edition at *Paris*, is included; and interſperſed with ſeveral thouſand LIVES never before publiſhed.

The whole containing the Hiſtory of the moſt illuſtrious Perſons of all Ages and Nations, particularly thoſe of *Great Britain* and *Ireland*, diſtinguiſhed by their Rank, Actions, Learning and other Accompliſhments.

With Reflections on ſuch Paſſages of Mr. BAYLE, as ſeem to favour *Scepticiſm* and the *Manichee* Syſtem.

By the Reverend Mr. JOHN PETER BERNARD;
The Reverend Mr. THOMAS BIRCH;
Mr. JOHN LOCKMAN;
And other HANDS.

And the Articles relating to ORIENTAL HISTORY By GEORGE SALE, Gent.

VOLUME I.

LONDON,

Printed by *James Bettenham*,

For G. STRAHAN, J. CLARKE, T. HATCHET in *Cornhill*; J. GRAY in the *Poultry*; J. BATLEY in *Pater-Noſter-Row*; T. WORRALL, J. SHUCKBURGH in *Fleetſtreet*; J. WILCOX, A. MILLAR, C. CORBET in the *Strand*; T. OSBORNE in *Grays-Inn*; J. BRINDLEY in *New Bond-ſtreet*; and C. WARD and R. CHANDLER at the *Ship* between the Temple Gates in *Fleetſtreet*, and ſold at their Shop in SCARBOROUGH.

MDCCXXXIV.

《历史批判辞典》被称为"启蒙运动的武器库"。

丧生。1648年的《威斯特伐利亚和约》议定了一系列条款，规定自此以后，每一个地区都要信奉其统治者信奉的宗教，但少数派宗教的成员仍然享有践行各自信仰的权利。尽管教皇英诺森十世公开宣称这些条约"永远是无效的、不成立的、站不住脚的、错误的、不正当的、可诅咒的、不道德的、愚蠢的、没有意义也没有效力的"，但终归徒劳。新教教派已经得到了官方的认可，而天主教也已没有任何机会再度征服欧洲。

为什么——以及什么？

如宗教大一统的破裂，由微末的宗教分歧导致的愚昧流血事件造成的厌倦情绪，启迪心灵的科学发现，资本主义和更大的阶级灵活性等社会因素，种种因素都参与引发了对于权威的怀疑态度和全新观念的爆发。各式各样的新教教义都要求在人与神之间建立直接联系，拒绝由牧师充当必不可少的中间人。公元4世纪，奥古斯丁曾把理性称作"神的内在之光"，可若果真如此，那么为什么须由牧师、宗教约束、传统乃至《圣经》来担任思想的最终裁决者呢？应该避开它们，只依从于理性自身。

"启蒙就是人类从自缚的不成熟状态中破茧而出。"这是康德在论启蒙运动的文章中写下的第一句话。之所以说"自缚"，是因为康德认为，我们的"懒惰与怯懦"使我们无法在没有他人引导的情况下独立思考。"如果有一本书能代替我理解，有一位牧师能充当我的良知，有一位医生能选定我的饮食，如此等等，那么我自己就完全不用出力。也就是说，只要我能付得起钱，我就不需要思考。"

启蒙思想家致力在做的是一件古希腊人曾经做过的事情：从第一原则出发进行思考，并说服其他人都这么做。他们发动人们对包括他们自身观点在内，所有的信仰和观念进行批评，呼吁新观念的传播。由狄德罗和达朗贝尔编纂的多卷本《百科全书》网罗了来自不同领域的富有自由思想的专家，集合式地总结了所有现存知识，以此来抵抗教会与国家的正统观念。

当然，《百科全书》遭到了审查和封禁，正如伽利略曾在面对宗教裁判所的审判时，被迫宣布否定自己的学说，笛卡尔也曾需要雪藏自己的《论世界》。启蒙思想家的著作不断地遭到取缔和焚毁，这些作者不是被囚禁，就是被驱逐出他们的城市和国家。借用达朗贝尔的话说："一场充满活力的思想发酵，如同一条冲破了堤坝的河流，朝四面八方灌入自然。它携带了某种暴力，横扫一切挡住它前路之物。"

不管怎么说，我们都绝不可以把启蒙运动看作那些被事后命名与编造而成的运动之一。因为启蒙运动是有自我意识的。"Aufklarung"和"Siècle des lumières"是18世纪所用的名字（"Enlightenment"直到19世纪才被启用），它们昭示着命名者在理性的光照下追求科学、哲学与政治进步的决心。所有的启蒙思想家都察觉到了自己是在挣脱宗教与政府权威的镣铐。即便坚持认为"黑暗时代"自有某种光辉的修正论者也会承认：诸如奥古斯丁、阿伯拉和阿奎纳等伟大的思想家，也曾出于检视宗教问题的需要而受到禁锢，未能跨过基督教规定的边界，而且在启蒙运动之前的千年里，哲学一直都是神学的仆从。

孟德斯鸠确立了国家立法权、行政权与司法权的三权分立原则。

时至17世纪,"此世的生命,而非可疑的彼世的生命",成了思想聚焦的中心,也成为变化的标准。斯宾诺莎、洛克和卢梭等人分别以各自不同的方式倡导宗教宽容、言论自由和政治自由。孟德斯鸠《论法的精神》主张分治国家立法权、行政权与司法权,并以此促进自由。洛克、霍布斯和卢梭也以各自不同的方式提出:任何一种政权的合法性都只能以某种社会契约为基础,而社会契约则保证了统治者的合理公意。以此,君权神授的时代就此落幕。

既然如此,为什么还要喋喋不休地谴责人性的堕落,抓住我们本性中对于恶的倾向不放呢?哈奇森、沙夫茨伯里伯爵、休谟和亚当·斯密各自以不同的方式得出结论,认为人类拥有一种相互同情的本能,独自构成了道德的基石,再也无须诉诸神的指令。"我们对于人类种族未来生活条件的希望,也许可以总结为三个要点——"政治科学家马奎斯·孔多塞写道,"国家之间不平等性的消除,每个国家内部平等性的进步,人类的真正完善。"启蒙曾经是(现在也应仍旧是)一项工程。"如果有人

同很多启蒙思想家一样，伏尔泰也是一名自然神论者，并践行自然宗教。

问我们,'你们现在是生活在一个已经启蒙了的时代(enlightened age)吗?'"康德写道,"那么我们的回答就是:'不是,但我们确实生活在一个启蒙的时代(age of enlightenment)。'"

启蒙有多么世俗、异教和反教权?

在启蒙思想家中,无神论者和不可知论者很可能比自己想象中的人数更多。就连休谟也觉得,闪烁其词才是精明的做法。尽管他曾颇具异教色彩地断言:"基督教不只从一开始就伴随着很多奇迹,而且即便到了今天,但凡有理性的人,如果离开神迹,也不可能相信它。"斯宾诺莎通过仔细地审视《圣经》的真实性,预见了施特劳斯和19世纪其他学者的诞生。伏尔泰携其著名的签名诫语"Ecrasez l'infâme!"(打倒卑鄙!),与天主教会的不公正作战;而狄德罗则公开支持让·梅叶这位隐秘无名的无神论牧师的心愿:"让我们用最后一位神父的肠子绞死最后一名国王。"

但是,包括伏尔泰在内的很多启蒙思想家都是自然神论者,

自然神论

自然神论持有一套观点,认为虽然上帝存在并创造了世界,但是"他"并不亲自调解人类的生活。自然神论者拒绝承认神启、预言和圣典经文。

信仰(与天启宗教相对立的)自然宗教。斯宾诺莎的"神"是万物(因而也可能是无物),而笛卡尔、贝克莱和莱布尼茨仍继续信奉某种形式的基督教义——上帝也的确是他们的形而上学中不可或缺的一部分。莱布尼茨是一个新与旧的奇怪混合物,他认为上帝是万物存在的"充分或终极的理由",是所有可能世界中最好的一个,必须(出于道德的必要性)通向其"至高的完善"。他生造出"神正论"(theodicy,"为上帝正名")一词,并在以此为题目的论文中处理了这样一个问题:一个善良的上帝何以允许形而上学以及道德上的邪恶存在。

在很多人看来,1755年的里斯本大地震撼动了人们对上帝的信仰,因为这场地震主要袭击的对象是大教堂中的敬神者,而城市里污秽下流的柳巷花街却幸免于难,所以很难将灾难归咎于不信神的罪人。伏尔泰为此作了一首哀歌。卢梭则回给伏尔泰一封信,讥讽他这种流于表面的悲观主义。伏尔泰的著名小说《赣第德》便是对卢梭以及莱布尼茨作出的回应。与小说标题同名的主人公经历了极为残酷的苦难。自始自终,他的导师潘葛洛斯博士都坚持认为,这个世界是所有世界中最好的一个。即使他险些被烧死,而后又差一点被处以绞刑,遭受了半活剐和鞭打,并被迫为奴,仍不改初念。

伏尔泰有一句名言:"如果上帝不存在,就必要发明他。"他还认为,即便上帝真的存在,因为不可知,"他"仍然需要被发明。"如果上帝是按照他的样子投之以桃创造了我们,那么我们也已经报之以李了。"

启蒙的遗产

在当时以及后来的很长一段时间里,启蒙都在为进步思想家所尊崇,受到反对派的中伤,后者中有一部分人,如黑格尔,指责它不仅为法国大革命提供了启示,还启发了"恐怖统治"。可时至今日,启蒙常常被视为右派思想的源头,而受到来自左派的批判。这个趋势大概从1944年开始,阿多诺和处于左派阵营的法兰克福学派成员,批评了启蒙思想家对于理性的过度谄媚和对自然统治的推崇,这两方面(根据阿多诺的说法)都曾为纳粹主义提供了便利。维护弱势群体——包括女性、少数民族、残障人士和彩虹族(LGBTQ[1])群体等——的身份认同政治进一步加重了批判的力度,认定启蒙对于普世理性和普世进步的颂扬,遗失或忽视了弱势群体的意见,斥责启蒙所持的普世主义对于道德与人性框架的多样性毫不尊重的视而不见,是一张粉饰欧洲中心论、殖民思想、种族歧视和西方干预主义的面具。

可是,剥削思想、欧洲中心论和种族歧视恰恰是启蒙所攻击的对象,而女性、殖民地和奴隶的困境也是其致力于改善的内容,尽管这些还不够强烈持久。至于那些值得称颂的文化的多样性,首先有必要让它们不再被看低或贬损——超离欧洲及其他文明授予自己的那种自许的独特性和优越感,将尊重的范

---

[1] LGBTQ又名"彩虹族""彩虹族群""性少数者"等。是五个单词的首字母缩写。L指同性恋者(lesbian),G指男同性恋者(gay),B指双性向者(bisexual),T指跨性别者(transgender),Q指酷儿(queer),即对性别认同感到疑惑的人的合称。——编者注

围扩展到全体人类。正是启蒙的普世主义让如今谴责它的那种身份认同政治成为可能。它是自身成功的牺牲品，也是自己不懈批评的受害者。

批评对于启蒙实在不可或缺，这使得启蒙思想者如同蝎子一般卷起尾巴蜇他们自己的观念。在启蒙的小说里有一位屹立不倒的英雄——异国人（非洲人、波斯人、阿比西尼亚人和休伦印第安人），我们正是通过他们的眼睛看到了巴黎、法国外省以及任何一处他们所经之地的缺陷与不足。在狄德罗的《布干维尔游记补篇》(Supplement to the Voyage of Bougainville)中，欧洲性道德隐匿的虚假和伪善，在塔希提人快乐的无拘无束的对照下暴露无遗。热衷于研究中国文化的莱布尼茨说："欧洲需要来自中国的传道者，因为中国的伦理与政治更为优越。"

启蒙思想家把自己视为"世界公民"，但奇怪的是，很多当下的左派知识分子反倒很可能赞同反动派贵族约瑟夫·德·迈斯特的观点。他提出反对意见说："1795年的共和宪法是为'人类'制定的，而一部为所有的国家制定的宪法，就是一部不为任何人制定的宪法。"迈斯特断言，虽然他一生的经历中遇到过法国人、意大利人、俄国人，甚至还有（多亏了孟德斯鸠的《波斯人信札》）波斯人，但是他从未遇见过一个"人类"（世界上就没有这种东西）。与之相似的是，某些身份认同政治的支持者也拒绝承认任何普遍意义上的"人类"利益存在的可能性，比真理存在的可能性更高。据他们所言，"真理"（当然是打引号的真理）是对死去的白人男性的建构，推进他们的权力并为其服务。

美洲原住民是启蒙虚构文学里的一个常见主人公。他被用来揭示欧洲社会的缺陷，同时也因其被设想出来的自身优点而受到颂扬，这在本杰明·韦斯特著名的画作《沃尔夫将军之死》中有所呈现。

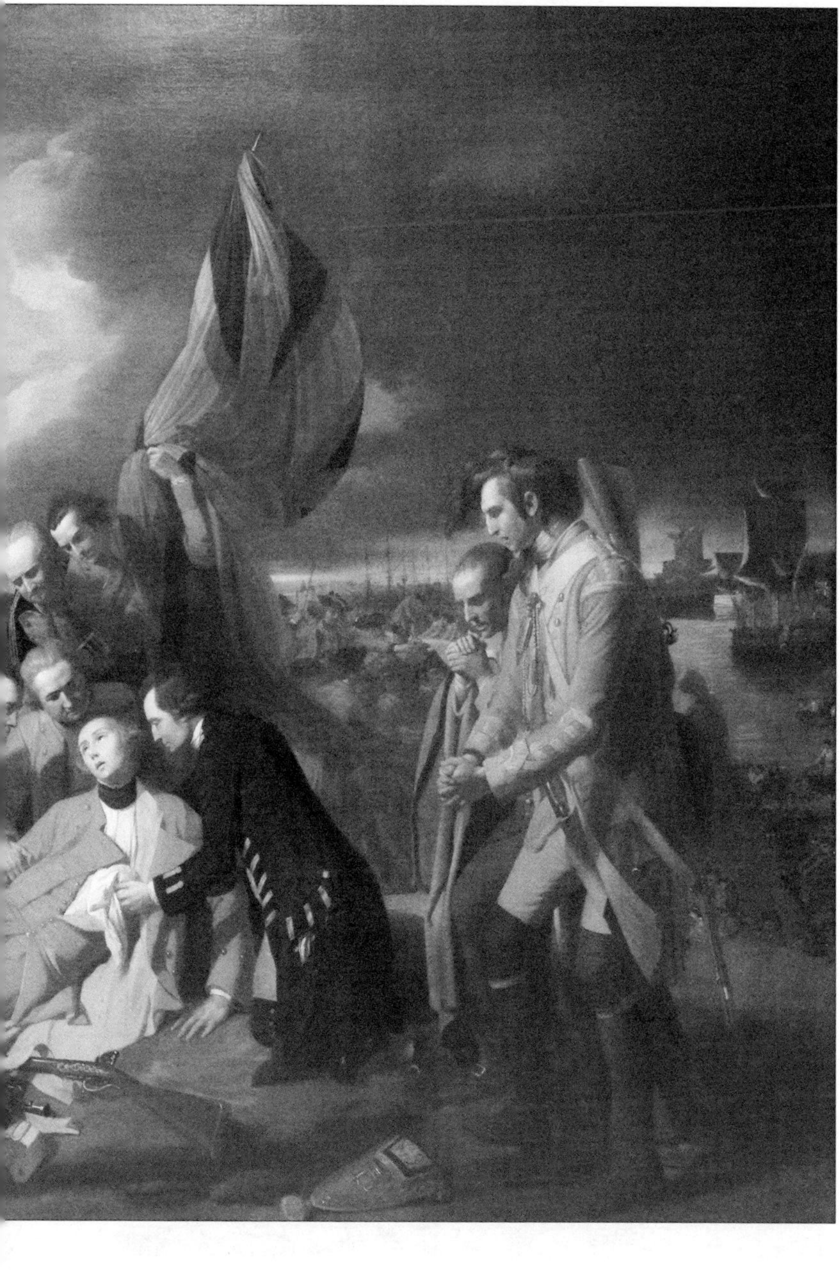

从1793年开始的"法国恐怖"可以说标志着启蒙时代的结束,众多哲人在此期间被判处死刑。

这种反对意见本身就是启蒙的产物，也许是启蒙信条中某一条的过度发展。Sapere aude（康德公开宣告的启蒙的座右铭）最常见的翻译是"勇于独立思考"，而它的精确翻译应该是"勇于认识"，这一现象背后或许有某种背时性的东西存在。启蒙思想家支持对已被接受的"真理"发起挑战，因为这些"真理"挡住了寻求真理之路。独立思考是重要的，但并不是为了独立思考本身而思考，而是为达成某种目的而启用的工具。他们希望并且预见主观的推理最终将汇聚成客观的真相。

颇具反讽意味的是，这种对于自由思想的劝勉，在夸大和扭曲之后变形为了另一种观点，认为所有的意见都是重要的且同等有效的，并同时导向了道德相对主义的论点——这种观点实际上是与启蒙相悖的，因为它鼓励返回局限在文化边界之内的群体思考和对传统和繁文缛节的虔诚接受，而这些恰恰是启蒙致力于颠覆的对象。然而，还有如理查德·道金斯和山姆·哈里斯这样的人，以启蒙之名，大肆谴责宗教，对于宗教信仰中原本受到启蒙思想家欣赏的微妙与显要之处漠不关心。他们同样也走向了启蒙精神的对立面。

当然，前人在当时所写的东西，如今我们可能会不认同，但是期待活在三百年前的人们共享我们的观点，也是一种时间倒错。而且荒谬的是，这也正是那些鼓吹相对主义并纵容地域本土化野蛮主义的人的自相矛盾之处。

有些人会忙不迭地澄清，伊斯兰的恐怖主义者并不是真正的穆斯林。不管这些恐怖分子如何自诩，他们的暴行都已使其丧失了资格。既然如此，这些人也该把同样的思路推至打着启蒙的旗号而犯下的恶行。同"Sapere aude"一样,"自由、平等、兄弟之爱"这些法国大革命的口号,本也可以成为启蒙的标语。也有人说,法国大革命正是在启蒙运动的启发之下爆发的。

从理性到自然主义

有时候,人们会指责启蒙对理性的抬高,是以情感和日常生活为代价的。而颂扬"感觉"与野性的浪漫主义,据说是对这种过度理智化的反动。可是,尽管启蒙时代亦被称为理性的时代,在某种意义上,它对于理性的谄媚并不如之前的几个时

> 我们认为这些真理是不言而喻的:人人生而平等,造物者赋予他们若干不可剥夺的权利,其中包括生命权、自由权和追求幸福的权利。
>
> ——《美国独立宣言》,1776年7月4日
>
> 太阳将照耀这样一个世界,这里只有自由的人类,他们除了自己的理性之外,不认任何人为主人,专制的君主和奴隶、神父和他们愚蠢而伪善的工具,将只遗存在历史里或戏剧的舞台之上……我们将看到理性在如此漫长而痛苦的斗争中取得胜利,于是我们将终于有能力写下:真理胜利了,人类得救了。
>
> ——孔多塞,1793年
>
> (同年,人们罔顾他为大革命贡献的一切努力,给他安上了叛徒的罪名。1794年,他在某种神秘的情境下死于狱中。)

代。在基督教主导的欧洲，理性虽然被迫成为宗教教义的助力，但仍然被奉为人类的半神性而饱受尊敬，并被视为世界的固有本质。

中世纪的绝大多数人，都会赞同亚里士多德的说法："动物既没有选择的能力，也没有计算的本事。这就像丧失了理性的人，都是自然的异变。"而人类，正如但丁笔下的尤利西斯动员他的水手们去回忆的内容一样："生来不是为了像野兽一样活着，而是为了追随知识和美德。"1729年，亚历山大·蒲柏还曾写下这样的诗句："自然如自由一般受限于她自己最先颁定的法律。"这是斯多葛主义的回响，构想了一个理性统治的世界，人们在其中居理而安适，不再受到不自主的情感的左右。

正是因为有了启蒙，以及启蒙带来的实验科学和理性批判，自然不再被视为"上帝手写之书"，人类也不再被视为"存在巨链"的组成部分。情感虽然有时还是会被贬斥为多余之物，但有更多人认为它具有内在的价值和崇高化的潜能，从而将其视为神的指令的替代物。在完善人类的启蒙工程中，情感与性格的完善被作为重要的部分纳入进来。笛卡尔虽然是一名唯理论者，但他也曾公开表示，那些被情感深深触动的人"有能力享受此生最甜美的欢愉"。他说，直至今日，对于情感的分析一直都是"贫瘠的"和"不可信的"，它应该属于科学的范畴，而不是道德哲学的领域。如果我们总是把情感与理性区别对待，那么对于理性而言，反而更糟。虽然在康德的道德系统、休谟的学说体系以及像哈奇森和沙夫茨伯里这样的感伤主义者那里，情感是核心的枢纽，但它却被降格到了同情和同感的水平。

对于理性的强烈反对引出了浪漫主义，但这其实本来就是启蒙自身的一部分。正是在破除迷信和权威，并为人类尊严与思想自由加冕的行动过程中，理性开始发觉那些微不足道的、非理性的人类的真实状况。对于人类和人类理性的抬升，导致了对二者的同时贬低。这个世界非但不是专为我们人类而造，结果反而仅仅是围绕太阳转动的诸多行星之一。休谟曾说："理性本身只是一种动物本能。"由他和卢梭发起的"自然化"最终使人类这种假想中的自然超越者四脚着地，与"野兽"同行，人类的"可完善性"的观念终将被遗弃。

启蒙时代非凡美妙的硕果丰饶，通向的是现代的荒凉。在弗洛伊德看来，理性是我们在狂野的无意识欲望之上涂抹的可疑粉饰。达尔文说，人类是美化之后的猿猴。这就是韦伯所讲的"世界的祛魅"的开端，神性不仅被剥离了宇宙，也被从我们的身上剥离。"祛魅"结束的标志，可以说是众多理性的哲人被处死的暴力而非理性的恐怖统治，或许也可以说是随后而至的殖民性的拿破仑战争。

哲人

斯多葛学派一度是哲学家的典范。但是《百科全书》中的"哲学家"词条却言明，"真正的哲学家"绝不是节制克己的世外高人，而是积极参与公共事务与俗世之乐的自由思想家，而证据是其形成信念的唯一标准。

"phisolophe"（哲人）一词是法国知识分子小团体借以卖弄

的自诩，常受到来自圈外人的讥笑，因此这个术语也获得了其独有的特殊化的意义。

哲人比哲学家更进一步。他们意图"理解一切事物"，对所有学科都略知一二，包括"自然哲学"（即科学）。

因为缺乏系统性的研究积累和先进成熟的方法装备，哲人不得不开发自家的科学方法论。据称，笛卡尔（一名典型的哲人）把他在阿姆斯特丹的住宅后院改造成实验室，并且曾指着他正在解剖的一只牛犊说："这是我的书。"莱布尼茨的哲学几乎没有在生前发表过，但是他发现了二进制算法，发明了微积分，设计出了水泵、挖矿机、海水脱盐系统、潜水艇和一种早期的蒸汽机。他还提出了保险方案的构想，改良了货币制度，并在物理学、化学、药学、植物学、语文学、地理学和建筑等方面都取得了创新成果。伏尔泰是科普第一人，他的情人埃米莉·夏特莱在1749年翻译出版了牛顿的《自然哲学的数学原理》（至今仍是唯一的法文译本）。同年，她去世前还生下了一个并非伏尔泰之子的孩子。

20世纪早期的一位美国哲学家曾说："哲人不是哲学家。"如果我们用带有英裔美国人血统的分析哲学那种无瑕的一致性和狭隘的严格度来审视他们，那么他们可能的确不算哲学家。但如果我们这样做，就看不到伏尔泰难以言说的机智，休谟（他曾是一位巴黎的名誉哲人）丰富的内在矛盾，还有他们如此众多之人的博学硕果。哲人不是学术派，是行动派，他们献身于推进不受约束的询问，和逃脱来自教会和国家的制裁。到1782年，卢梭具有启示色彩的《忏悔录》得以出版。1641年，笛卡尔给他大胆的论说起了一个谨慎的标题,他将其认定为由虔诚的天主教徒展开的独自沉思。更早的时候,他曾在自己的笔记本里写道:"在世界这个剧场里,我将要登上舞台,并且我将要戴着面具走向幕前。"

第 2 课

我思故我在
勒内·笛卡尔

勒内·笛卡尔被奉为现代哲学之父,曾写下那句哲学名言"我思故我在"。他是启蒙运动的一位奠基人,不仅改变了哲学的本质,还改变了学习本身。他废黜了《圣经》、亚里士多德等人公认思想的权威地位,使得思考的个体成为一切问询的起点和终裁。在随后的二百五十年间,认识论(关于我们是否能认识、如何认识以及认识什么的研究)取代了形而上学,成为哲学的主要焦点,这大体上是笛卡尔之功。我们有充分的理由把笛卡尔视为一名唯理论者(对于这一类人而言,理性是真理的

笛卡尔废黜了《圣经》和古典思想家的权威,从而改变了哲学的本质。

最终裁判），而他对经验论者（对他们来说，所有的知识都来自感官经验）也产生了巨大的影响，他让思考本身成为一种经验，让理性成为一种过程。

一种科学主义的世界观

笛卡尔还是一名先驱的科学家。他在数学上的创新，启发了莱布尼茨和牛顿对于微积分的发现。此外，他发明了图表，建立了解析几何；参与搭建了动力学理论的基础；构想出"动量"和能量守恒的概念；开启光学，发现了折射定律；他还在自己关于彩虹和血液循环的学说中犯下了很多有趣的错误。虽然笛卡尔的物理学很快被牛顿的力学所取代，而且他的科学发现在某种意义上也湮没无闻，但是他的"机械哲学"有效地为我们铺设了当下所持的科学主义世界观——宇宙由原子构成，原子永不停歇地组合、分离、再组合，而其中的思想、感情、感觉乃至颜色、声音、气味和味道都出于一种主观的、几乎是错觉性的状态。以他的名字命名的"笛卡尔的心物二元论"并非他原创，但是他正是通过把心灵从科学中剥离，才为这种二元论找到了更科学的表达形式。在很长的一段时间里，精神如何融入自然，或者更确切地说，精神是否能融入自然，一直是哲学最难解决和最为棘手的论题。

1596年3月31日，笛卡尔诞生在法国中部图赖讷拉海的一个中产阶级天主教家庭。1616年，他在普瓦捷大学取得法律专业的学位之后，放弃了对"世界这本大书"的学习——他游

主观的观点和客观的观点

"主观"与"客观"是一组成对使用的相对概念。特别是在法律意义上,"主观"可以表示"有偏见且利己的",与"不偏不倚"相对立。因此,"主观"还可以表示"太过个人化以至于具有误导性"(与真实的情况对比)。

自笛卡尔开始,说一个观点是主观的,就意味着这个观点:

1. 只能被一个人使用。
2. 不能脱离(那一个人的)观察而独立存在。

相对而言,(客观的)某物:

1. 能被一个以上的人使用。
2. 可以在不被观察的条件下独立存在。

历欧洲,造访国外的法庭,在三十年战争爆发时加入了拿骚的毛里茨的军队(笛卡尔参与更多的是军事工程相关的工作,而不是实际作战),甚至(有人说)笛卡尔还曾为天主教会做过间谍。其实笛卡尔是一名独行者,享受着孤身一人无拘无束的自由。他不在乎路向何方,跟随自己对于知识的敏锐直觉一路前行,对路上遭遇的一切加以思考而从中获益。

笛卡尔有一则逸事可谓典型:他曾在弗拉芒的一个小镇上偶然看到了写在广告牌上的一道数学难题,随后让身边最近的路人帮他译成了法语或拉丁语。也因此,他在1618年结识了数学家伊萨克·皮克曼,并与之结为好友。有人评价他:从慵懒的状态中醒来。他把精力更多地集中在数学和科学研究上。然而，他的旅行和军旅生涯并未结束。

1619年的冬天，笛卡尔随军临时扎营在一个德国小镇，并被独自关在一间有炉火取暖的小屋里。他用一整天的时间进行冥想，然后带着满脑子的想法上床睡觉，做了一整夜生动而清晰的梦。据他最早的传记所载，他梦到自己被幽灵袭击，又被一阵旋风吹得乱转。他不停地跌倒，而身边的那些幽灵却走得挺直。他又收到了一个产自某个异域国度的甜瓜。他醒来后，痛苦的他感觉自己被困在一边不能动弹，也许是某个邪恶魔鬼捣的鬼。想到这里，他又入梦了，然后被一阵震耳欲聋的雷声惊醒，看到他的房间被燃烧的火星点亮。最后他梦到自己在桌子上找到了一本字典（然后这本字典就消失了，当它再次显现的时候，就已不再完整）还有一本诗集，他在诗集里读到了奥索尼乌斯颂歌的开篇："生命中的哪条路，是我要走的路？"在大约三百年之后，当弗洛伊德被邀请分析这些梦境时，他明确地拒绝了。笛卡尔对这段梦的解读是，他得到了神的指任，要改进人类的知识（还有他之前浪荡的生命）。

笛卡尔对学习的改革确实势在必行。中世纪的大学被经院哲学统治——这是亚里士多德和基督教、理性和信仰的一种混合物。笛卡尔公然地反对亚里士多德，或者毋宁说是反对亚里士多德的经院哲学版本。笛卡尔说，即使亚里士多德复活，他也会反对经院哲学。笛卡尔鄙夷那些"像藤蔓一样"缠附在古典文本之上的"平庸头脑"之人。因为他们虽然产出了极其多的评点，却无力解决新的问题，他们虽有成为哲学家的抱负，实际上却只是历史学家。

笛卡尔认为自己反对经院哲学，是在打开窗户，把日光放进一个黑暗的地窖。他在《第一哲学沉思集》（首次出版于1641年）中断言，哲学的正确方法是："考察我们可以清晰且确证地凭直觉知晓，或者带有确定性地推断出某物，而不是其他人的想法或者我们自己臆测出来的东西。"

在笛卡尔看来，对前苏格拉底哲学家而言，哲学构成了知识的所有分支，形而上学仅仅是根基，而认识论——这是我们对他记忆最多的地方——很可能是知识的根源。认识论在我们眼中格外显著，这是因为我们是透过时间的望远镜来看笛卡尔和他的遗产，可对于他来说，这只不过是他开启关于世界的多重学科论述的初步想法而已。他在谈及《世界》的一封信中写

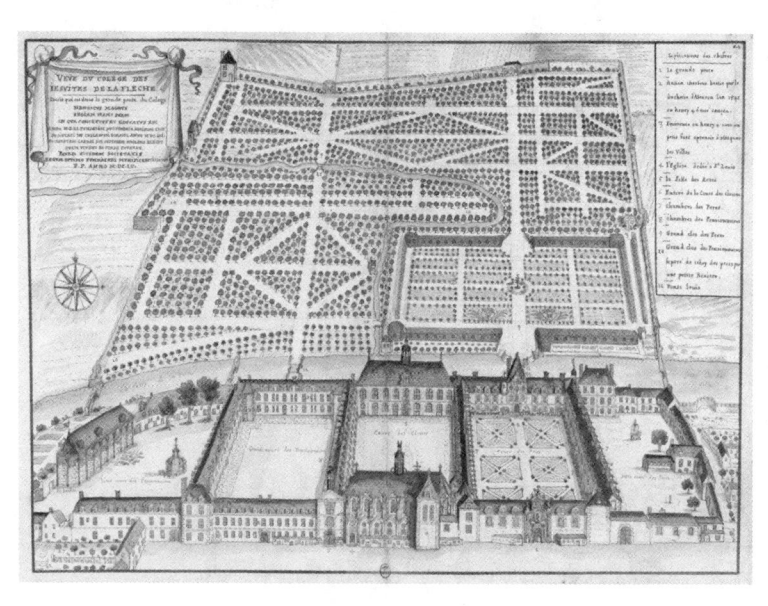

笛卡尔在著名的拉夫雷士耶稣会学校接受教育。

哲学的整体像是一棵大树。树根是形而上学，树干是物理学，从树干中伸出的树枝是所有其他门类的科学，可以简化为主要的三种，即医学、机械学和道德（morals）。

科学

物理学

形而上学

道:"我决心解释自然的一切现象,即全部的物理学。"这本书是他在1629年到1633年间所著,讲述了宇宙的起源、宇宙学、火、热、光、海洋、固态与液态、感觉、知觉和人体等问题。

笛卡尔尽管思想大胆,却总是谨慎小心地把他的著作进行裁剪,令其符合天主教的教义。他在《世界》中表示,"严格来说"地球是不动的,它围绕太阳所进行的转动是"假设意义上的"(对内行使了一个眼色)。在当时,正当这本书将在1633年出版时,他听说了伽利略被传唤至宗教裁判所面临审判的事,于是他中止了出版,并说:"逆风而行不是我的风格。"

笛卡尔第一篇公开发表的作品,是1637年匿名发表的《谈谈正确引导理性在各门科学上寻找真理的方法》,这是一篇对《屈光学》《几何学》和《气象学》(其中包含了《世界》中某些无风险的部分)三篇论文的简介。在这篇作品中,混杂了自传、形而上学、物理学和药学的内容,著名的"我思故我在"于此首次面世。虽然"我思故我在"极其著名,但是后来被证明最具争议的文章却是《几何学》,它把代数和几何创新地组合在了一起。1641年,《第一哲学沉思集》出版,首次署上了笛卡尔的名字。

笛卡尔所收获的名声,有碍于他对无拘无束独立性的渴求(为了躲避崇拜者的慕名拜访,他只能不停地搬家)。他曾卷入一场长达五年之久的通信骂战,通信对象是乌得勒支大学的校长吉斯波特·沃舍斯,他指责笛卡尔鼓吹无神论。笛卡尔与波希米亚的伊丽莎白公主之间的通信更有"生命力"。结合了形而上学与科学的《哲学原理》正是笛卡尔在1644年给伊丽莎白公主的献礼。

笛卡尔与波希米亚的伊丽莎白公主维持了数年的学术通信。

在这位公主的要求下，笛卡尔写到了"激情"，当时对情绪的叫法。笛卡尔很可能正处于情绪化的状态之中。当他年仅五岁的私生女去世时，笛卡尔在另外的一些信件中表达了极端的愤怒和嫉妒，他写道："我不是那种认为眼泪和悲伤只适用于女人的人，也不会为了表现得像一个铁石心肠的男人，而必须强迫自己在任何时候都戴上一副平静的表情面具。"

《论灵魂的激情》（1649年出版）提供了心理学上的例证，却妄图尝试把常识与科学联系起来。笛卡尔依赖于"动物精气"这一学说（最早在3世纪提出，其影响持续到19世纪），认为有一种精妙的纤维，或者也许是某种气，游弋周身，从大脑到肌肉，使我们得以行动。他成功地沦入伪科学之列，并凸显了自己关于心灵学说中存在的问题。

1649年，笛卡尔在瑞典女王克里斯蒂娜三番五次的邀请之下前往瑞典。斯德哥尔摩的秋冬寒冷而黑暗，早晨笛卡尔不情愿地被迫早起，并在给女王讲学时脱帽站立。当他的法国大使朋友生病时，笛卡尔因为照料他而染上了肺炎，在1650年的2

月 11 日病逝，终年五十三岁。尽管他向来谨慎，可在他死后，还是有几部著作被天主教会列为禁书。

在沉思中从怀疑走向确定

笛卡尔最有名的作品《第一哲学沉思集》写于 1638 年与 1640 年之间，于 1641 年出版。这本由六章（六个沉思）组成的著作，题献给了索邦大学的牧师，并担保它将稳固加深人们对上帝和不朽灵魂的信仰。或许是为了推销这本书，笛卡尔提前邀请了当时最重要的几位思想家来批评这本书，其中就包括英国哲学家托马斯·霍布斯。最终出版时，这些《反驳》连同笛卡尔的《答辩》被一并收入书中。之后不久，这本著作就被全本翻译成法语，这遵从了笛卡尔将知识普及到拉丁语学者之外世界的理念。

笛卡尔决心从地基开始，重建一座被妥善加固过的人类知识大厦。他首先说道："我将毫无保留、真心诚意、全身心地投入到把我的观点整体摧毁的工作之中。"这里的"我"以及贯穿整部《第一哲学沉思集》的"我"都不是"笛卡尔"的"我"，而是某种"常我"（如同中世纪戏剧中的"常人"），这个"我"接受了笛卡尔的邀请，共同踏上从怀疑主义走向新的确定性的朝圣之路。读者可以了解笛卡尔的冥想，并鼓励他（或不大可能的她）展开自己的冥想。

怀疑的三步（第一个与第二个沉思）

笛卡尔从怀疑他（常我）曾经相信过的一切出发，把怀疑分成三步,每一步怀疑的回答都引出了一个更加深远的疑问。

1. 笛卡尔怀疑他通过感官得到的证据。自公元前3世纪的怀疑派以来,始终有一个问题悬而未决,即感觉在多大程度上是我们通向现实的入口,又在多大程度上(用古朴的哲学拟人化的说法)"欺骗我们",后者指当我们发生视错觉或幻觉或者产生近大远小感受的时候。根据理性推演,如果我们知道自己有时候会产生错误的感官知觉,那么我们又如何才能确认自己能有精确感知的时候呢?

让我们骗骗他。
让我们骗骗他。
让我们骗骗他。
让我们骗骗他。

回应:让我不相信自己正披着晨袍坐在炉边,这跟让我相信自己是一颗南瓜或者是用玻璃做的一样不可思议。

2. 没错,但这可能只是一场梦。如果我正梦到自己看着炉火的光亮,并感受它的温度,那么我就会感到并看到和我现在正在感觉和看着的一模一样的东西。再次重申：如果有时候是 x，y，z，那么就有可能一直都是 x，y，z。

回应：那是可能的，但是即使在梦中，也有某些没有欺骗性的东西，例如，2+3=5 永远都是真的（笛卡尔指的是绕不过的数字概念，而不是有可能变化的数字书写或表达形式）。我们梦到的颜色和形状，乃至神奇的生物，都是依据我们在清醒生活中，所遇到的真实事物而捏造出来的。

即便是神奇生物，也是由我们在清醒的生活中遇到的事物所组成的。

3. 好吧，但是设想（使用一个笛卡尔不可能用过的一个隐喻）我们的硬件被安装成在数学和逻辑上也会犯错的配置。

回应：笛卡尔忙不迭地向他的题献对象、索邦的牧师脱帽致敬，说道：我当然一直信仰全能的上帝，因为他是全善的，所以不可能欺骗我。可说到底，我有时候还是会被（我的感觉和梦）欺骗——所以只需要假想我的创造者是一个 malin genie（通常翻译成"邪恶精灵"），它在"全心全意"地误导我。

提出邪恶精灵的假设终于使笛卡尔得以彻底怀疑自己曾相信的一切：上帝、土地、天空、所有种类的有生命或无生命之

通过假设出一个全心误导他的邪恶精灵，笛卡尔开始彻底地怀疑一切事物。

物，甚至是他自己和他的数学与记忆。也许从来都没有一个出生在 1596 年的勒内·笛卡尔（你可以在这里替换上你自己的名字和出生日期）。也许他以为自己记住的一切东西都是假的，而他的身体也只是一个幻觉。"那么还有什么是真的呢？也许只剩下凡事无绝对这一个事实。"

笛卡尔没有假设邪恶精灵事实存在。因为它并不是作为一个有可能存在的创造神被提出的，而是作为一种方法，指出"我"（笛卡尔和我）也许处于系统性和完全性的欺骗之中。在这种情况下，相信任何事都是不可能的（笛卡尔在此需要被动语态，就像说"茶壶被打破了"，而不说"我打破了茶壶"）。

笛卡尔的转身："症结所在"（第二个沉思）

然而，难道就没有某种东西是毋庸置疑的吗？也许存在一个上帝，会引发我思考？

不对，因为我自己就可以自发性地思考。可是：

1. 如果我的思考是自发的，那么我至少必须是某种东西。

但是我怎么可能是任何东西呢？根据我刚才的说法，感觉完全是欺骗性的，而我既没有感觉，也没有身体。

2. 难道我跟感觉和身体如此密不可分，没有它们我就不能存在了吗？

嗯，我刚刚说服自己相信，绝对没有任何东西是存在的：没有世界、没有天空、没有心灵、没有身体。

3. 没错，但是如果我被说服（相信无物的存在）——事实上，如果我在思考任何东西——那么我（不管"我"可能是什么）一定是存在的（不然我怎么可能被说服，或者进行思考呢？）

但是也许有一个（力量极为强大的）邪恶精灵在欺骗我呢。

4. 好吧，但是正因如此，正在被欺骗的我也一定是某种东西。

5. 让（那个邪恶精灵）尽情地骗我吧，只要我认为我是某种东西，他就永远也不能说我什么都不是。

所以我认为自己是某种东西（某种产生思考、被说服、也许被欺骗的东西）的想法不是误解，尽管我究竟能成为什么还是一个未解之谜。

于是，我最终只能得出这样的结论："'我是，我存在'必须是真实的，不论它是由我提出的，还是在我脑海中构想的。"

学生：我怎么知道我存在呢？

老师（哲学家悉尼·摩根贝瑟）：谁在提问？

或者,就像笛卡尔在《谈谈方法》所说的那样:"ego cogito, ergo ego sum"——"我思,故我在。"

反驳"我思"

对于笛卡尔那个被称为"我思故我在"的论点进行反驳,有各种各样不同的方式。

1. 有些人的第一反应是:"笛卡尔一定得先有一个大脑才能进行思考,那么他为什么还要用思考来作为存在的'证明'呢?"其实这么说就是误解了笛卡尔正在做的事情。他要做的是扫清障碍,从头再来。为了达到这场思想实验的目的,他与自己关于人类解剖和生理学的所有知识拉开了距离,连同他的记忆、经验、身体感觉、知觉和所有的先在假设,他苦心孤诣地对这些东西产生了怀疑。正如他在《第一哲学沉思集》的提要中所言:"任何一个脑子清醒的人,都不曾认真地怀疑过这些东西。"

2. "我思故我在"里的"故"字,暗示出这是一次三段论式的推理,其(隐含的)形式如下:

每个思考的东西都在,或

皮埃尔·伽桑狄不理解为什么"我行故我在"不能代替"我思故我在"。

存在。

我思考。

所以我存在。

然而，笛卡尔却拒绝承认自己是在进行推理。"当我们观察到自己是思考的存在物时，就表明这是一种原初的感念，并不是任何一种三段式推理的结论。当某人说'我正在思考，因此我在，或者我存在'时，他并不是以三段论的方式从思考中推断出了存在，而是通过一种简单的心灵的直觉，把存在作为某种自名之物识别了出来。"

3.尽管笛卡尔声称自己抛弃了所有的先在假设，但他还是预先设定了一个公开可用的语言，并用这种语言说出或写下"我思，故我在"。于是，在这个"我"之前的整世界的其他思想家和说话者，也都进入现在的这个假设。但是一种公用的语言难道就不会是宏大欺骗的一部分吗？

4.皮埃尔·伽桑狄在写给他的一篇《反驳》中暴躁地提出质问，为什么不能把"cogito ergo sum"（我思故我在）换成"ambulo ergo sum"（我行，故我在）呢？可是，说来也怪，考虑到笛卡尔决心引入的"思"的扩展含义，"行"竟并不如"思"一般直截了当且无可争议。说到底，你在行走的同时，也有可能正在做梦、产生幻觉或者在催眠中散发想象。而能够确定的，恰恰是你正在想着自己正在行走。

笛卡尔需要建立的只是思考的行动和事件，至于思考的内容则是无关紧要。可是，他确实看起来还需要一个额外的思考，用来掉过头来捕捉自己的思考，或者抓住自己刚刚完成的思考。

5. 盾牌手（另一位反驳者的笔名）反驳说："你并不知道是不是你自己在思考，也不知道你是不是就像柏拉图主义者相信的那样，身体内部的'宇宙灵魂'在思考。"

6. 笛卡尔只能证明"（关于怀疑、邪恶精灵、被欺骗的）思考是存在的"。只有在语法的意义上，思考才需要思考者。他的推理只能到"在思考"为止，绝对到不了"我在思考"这个程度。

作为形式的思考与作为内容的思考

"思考"有两重意义，它们互有交叠，但常常被错误地混合在一起。思考一：一次性的心理事件，即在某个特定的时间点发生，被某个特定的人所"持有"。它是私人的、主观的，是由某人大脑内部神经元的放电引起的（也有人说就是放电本身）；思考二：思考（思考一）的动作或事件所关乎之物。它是（在隐喻的意义上）思考一包含的东西。思考二是客观的，属于公共领域，不与时间挂钩，可以用某种通用语言的句子表达的东西，并且有可能翻译成其他语言。

在我小时候，大人们会说："给你一便士，把你的想法卖给我。"他们付钱购买的不是我刚刚完成的思考动作，也不是我大脑中刚刚结束的神经元放电，而是一句可以写下来或者说出来的话，而且这句话还能被任何人思考。同样，当你给别人打电话时说："我刚刚在想：今天天气真好——咱们去野餐吧。"他们会回答："太棒了，我刚刚也有同样的想法。"事实上，他们拥有的是相同的思考二，但是不可能有同一个思考一。

真正重要的是思考的事件，而不是思考的内容。思考二本身只是公共语言里的一句话而已。但是当我发现自己正在思考（有可能是不受限制的）思考二时，思考二就落在了它的容器（思考一）内——落在了我之内。通过发现我自己正在思考，我也就发现了我自己。

"我存在……但是然后呢？我是什么？"（第二个沉思）

那么，在这个怀疑过程开始之前，我过去认为自己是什么呢？

1. 一个人，即一个理性的动物。可笛卡尔才不会只为了"相当自然地自发（进）入我思考的东西"而把时间浪费在定义和词条的解释上。那么也就是说：

2. 我有一个"身体"。可（笛卡尔说）死去的身体和活着的身体有相同的机械构造。

3. 我是受过训练的，可以自行运动、观察、思考，所有这些动作在我看来都与这样的身体无关。我认为它们属于灵魂——笛卡尔在此引用了亚里士多德的说法，他把 psyche（灵魂）视为一种具有不同复杂度的生命原质。在灵魂阶段的等级上依次排布

柏拉图认为理念是外在的原型，而笛卡尔则持相反论点，认为它们是内在的心理表征。

着植物（自我喂养）、低等动物（自我喂养和自行运动）、动物（自我喂养、自行运动和感知），而人类（前述三种灵魂能力，外加思考）居于顶部。

4. 那灵魂呢？我不会去想它像什么东西，只会模糊地把它想象成某种缥缈稀薄之物（风、火、以太），在我的身体里渗透弥漫。

在我证明自己拥有身体之前，亚里士多德提出的前三种（即自我喂养、自行运动、感知）能力，都可以说是"纯属捏造"。所以，它们实质上并不是我。即便我真的拥有这些能力，感官知觉也可能具有欺骗性。有什么是我可以不用怀疑的内在于我之物呢？"思考"吗？没错，这是与我不可分割之物（我是通过思考才发现自己是存在的）。运用我的想象力去获得关于我为何物的更多认识，是很愚蠢的做法。这就如同在说：当我清醒时，既然能看到某些真相，那么我要到睡梦中去看到更多。因此，我没有假设出那些幽灵般的虚无缥缈的特质——它们都只是干扰而已——相反，我能知道实质上我是一种拥有观念的思考之物。

观念（特别是在第三个和第四个沉思）

"观念"是 17 和 18 世纪哲学家使用的一个术语。这个词借用自柏拉图，其用法修订有很大一部分由笛卡尔完成。

在柏拉图看来，观念（idea）是一种客观的外部的原型（桌子、人、美丽）。正是因为有了这些观念，那些被我们称作桌子、人和美丽的特定事物才得以成为它的（不完美的）所是。理念（如今被称为 forms，"形式"）是我们掌握的、唯一确定的知识。而对于我们借助感官而经历的事物，我们有的只是信念（belief）。

笛卡尔颠覆了柏拉图的学说，让"观念"成为一种转瞬之间的主观心理表征，而不再是一种永恒的客观现实。这样一来，概念、记忆、想象以及我的思绪的任何一部分，就都可以算作观念。而且，这是一个重要的新哲学起点，包括了作为经验的感官知觉和感觉。笛卡尔的观念和柏拉图的观念一样，依旧是最确定的知识项目，但这只是因为它们是我们所知的全部之和。我们永远都不可能走出这些知识项目之外。

观念（按照笛卡尔的分类法）包括：

1. 先天的（例如，数学概念，还有"我在我的心灵仓库中发现的"神的观念）。
2. 想象的（我随自己的心意，把它们创造和召唤出来）。
3. 偶然的（平白发生的观念，常常仿佛由我之外的某物所引发）。

就知觉的例子而言，这些观念是否真实或者与现实对应，是需要进一步考虑的问题，但是不管怎么说，它们都"不能被称为无物"，即便它们意在呈现的东西是虚假的，或不现实的。

唯我论？

到了第三个沉思处，笛卡尔已经确立了"他"（即笛卡尔自己）的存在。他还发现了真理的判断标准和抵达知识的方法（其实笛卡尔已经在《谈谈方法》中报告了这一发现）：通过严格地扫描笛卡尔的观念并只认可其中"清晰分明"的那些，他得以成功地设法从沉思魔术帽里变出了"自己的存在"这只兔子。但是他怎么才能证明除了他和他所有的观念之外的任何其

> **"笛卡尔循环"**
>
> 在第二个和第四个"反驳"中，有人批评了笛卡尔的"循环论证"——提前假设了他准备证明的东西。笛卡尔表面上邀请上帝作为他条理清晰的观念的担保人，实际上他已经用条理清晰的观念来证明上帝的存在。
>
> 对此，笛卡尔的回应是，即便没有上帝，这些清晰分明的观念也是充分的"担保人"，但是在上帝为它们进行担保之前，它们的清晰性和分明性依赖于它们在每次被引用时，都要以理性之光加以审视。而一旦上帝通过它们的方式被确立后，在推理的过程中就没有必要不断反复地展示它们已经确立的肯定性，然后再把它们置于理性光辉下重新审视了。清晰分明的观念在获得由它们担保的东西（即上帝）的担保之后，就可以作为现成的可靠观点被引用于任何一次论证之中。

他事物，也是存在的呢？

"我当然看起来是看到了、听到了、被温暖到了。"实际上，这些关于光线、柴火爆裂声和热度的感官知觉（观念）在"完全没有得到我的许可"的情况下发生了，并促使笛卡尔相信自己的面前有一处炉火。可是，这种"自发的冲动"并不能自我担保。只有由理性的自然之光授权过的清晰分明的观念才是不可置疑的。

那么，他如何能够确定自己关于炉火的主观观念真的能对应上"心灵之外"客观存在的真实炉火呢？有什么杠杆可以把他从他自己和他的观念（经验）那个封闭的圈内撬动出来呢？所有存在之物实际上都是我和我的经验，这种信念被称为"唯我主义"。而笛卡尔只是在不经意间、暂时性地陷入了唯我主义之中。

上帝（第三个和第五个沉思）

笛卡尔说，在我知道上帝是否存在之前，我对其他任何事情都不能确定。

1. 笛卡尔对上帝存在性的因果论证

关于上帝的观念，是我在自身发现的观念之一。如果一个观念是真的，或者是准确的，那么这个观念一定是由它所呈现之物所引发，而不能比这一观念的原因更伟大或更完美（笛卡尔又回归于一种吸引人的经院哲学论证）。上帝的观念过于伟大，所以引发这一观念的源头不可能是我。又因为这一观念清晰分明，因此该观念不可能是假的。而且该观念也不可能是各种趋于完美观念的一种聚合，因为这一观念包含了统一性、简单性和不可分割性。事实上，这一观念一定是造物主盖在他作品之上的"标记"（就像你的运动鞋上的"耐克"商标），是先天存在的。

2. 安塞姆本体论证的笛卡尔版本

就像我有三角形和山的观念一样，我拥有一个关于上帝的观念。当然，在我的思想之外，有可能根本没有任何神圣的、三角形的或者山一样的东西存在。但是，如果一个三角形是存在的，那么根据它的定义，它就有三条边；如果一座山存在，那么它的侧面就一定有一条山谷；如果上帝存在，那么他就一定是一个完美的存在物（当我想到"他"的时候，我必然把所有的完美都归于他，即便我不会一个一个地把它们指出来）。一个三角形或者一座山有可能只作为一个观点而存在，它在世界中没有实例，但是如果一个完美的存在物不真的存在，那它怎么可能是完美的呢？

上帝的存在性已经包含在"他"自身的本质当中。关于上帝的观念跟其他任何一种观念——除了关于我的观念之外——都不一样，它要求它的内容必须存在。同我思故我在一样，关于上帝的思考保证了"他"的存在性。

关于物质事物存在性的论证（第六个沉思）

我经常突然产生一些观念，仿佛这些观点存在于我心灵之外的物质事物。那些没有得到我的配合，甚至常常违背我意志发生的事情（比如现在：不管我是否想要感觉，我都感觉到了热）不可能是由我引发的。因此它们一定是由（真实存在的）物质事物或者上帝所引发的。笛卡尔"已经证明"自己关于上帝的观念与上帝相对应。因为上帝并不是一个骗子，所以他可以肯定，他被动接受的很多观念不只是看起来，而是真的由物质事物所引发存在的。

我们如何感知物质事物（第二个和第六个沉思）

笛卡尔对于外部世界的论证，只发生在第六个即最后一个沉思中。早在第二个沉思中，他就已经表示，自己将转回的那个世界，跟他之前所质疑的世界不同。"想一想这块蜡。这块蜡还保留着蜂蜜的味道，还有那只蜜蜂从花朵中采出的芳香。它是白色的、固体的、冰冷的。如果敲击它，就会发出微弱的声音。可是，如果把它放在火边，它就会流失那种残存的味道和气味，而且它的形状、尺寸和颜色也会变化。它会变成炙热的液体，不能触碰；当被敲击时，也不会再发出任何声音。它先前所有的特征都会变化。可是蜡还是蜡，它还在那里。"笛卡尔接着说道，"那么，蜡到底是什么？不是我通过感觉才观察到的特质，因为这些特质都会变化——它们的变化如此繁多，以至于我难以想象出它们的每一种形态。没错，最终而言，蜡就是一种可以延展的、灵活的、多变的东西。我只有通过'纯粹的心理检视'才能感知到蜡（特定的这一块，以及更多的、普遍意义上的蜡）。"

我拥有自由意志，我有责任对表象进行认可（或不认可）。

> **感知和判断**
>
> 也许我会说，当我看向窗外时，看到了很多在马路上行走的人。但实际上我看到的是——在启用我的判断力之前——一堆帽子和斗篷。虽然这些帽子和斗篷下掩藏的可能是由弹簧操作的人造机器，但我依旧判断他们是人。
>
> 也许你会反对说，如果人都裸着身体，并没有披斗篷、戴帽子，那么就不用理性地推导出他们是人了。为此，要明白的一点是，笛卡尔的论点为：感知总是需要判断。任何一种动物都可以感知到我最初感知的东西，但只有一个有自主判断力的人类的头脑，才能区分人和他们的服装，或者蜡和它的外在形状。即便是物理的事物也"只能由智者……感知"。这一观点又说回了前文中清晰分明的观念。

不管我的观念是否真的与引发观念之物的真实本质类似，在任何一种情况下，我都必须做出判断。于是，当我恰如其分地运用自己的判断力时，我发现自己有两种关于太阳的观念。一种是从感觉而来，把太阳假设为一个小小的黄色圆盘；另一种则是以天文学和数学推理为基础，把它展现为一种比地球大得多的东西。当然还有——虽然笛卡尔不能这么说——太阳是静止的，并非人们所看到的那样东升西落。他说，如果我们感知到了错误，那只是因为这个感知对我们都有好处。他承认，有时候，我们被感觉欺骗时，这种感觉是有害的，例如，水肿病患者有一种无法满足的口渴感，但是喝水恰恰会恶化病情。值得庆幸的是，在口渴这一感觉上，上帝的善对于我们而言是相当有益的，只要能恰当地运用自我判断力，身体就不会出现问题。

一个数学世界，以及第一性的质和第二性的质之间的区分

蜡的例子新建了一个关于感知为何物的观念，同时还有一个关于世界本质的新观念。

同伽利略一样，笛卡尔认识到世界并不完全像我们感知到的那样。

笛卡尔与伽利略以及同时代的其他科学家一样，也意识到了世界跟我们感知到的并不一样——我们的知觉是我们的感觉器官与光波、声波、材质和化学物质交互的结果，而不是外在事物给我们的镜像呈现。当他开始"把蜡和它的外在形态区分开来——脱掉蜡的"衣服"，还原它的本来面貌"时，他剩下的只有可以在空间中三维延展的某种东西（的观念），一种底层的几何结构。笛卡尔得出的结论是，物质的基本属性是"广延"（extension）。在物质自身内部，那个未经感知的世界是无色、无声、无香、无味和无构的。

"我们的感觉极少向我们展示外在物体本身的样子。"笛卡

尔在《笛卡尔哲学原理》一书中这样写道:"我们有充分的理由得出结论:运用光、颜色、味道、气味、声音、冷热这些术语来描述的外部客体的属性,只不过(是)这些客体各种不同的配置而已,这些配置使它们得以在我们的神经中发起各种各样不同类型的动作。我们也无权说任何一种东西会抵达我们的大脑,因为那里只有神经自身的原地动作。"笛卡尔在后来被洛克称为第一性和第二性的特质之间做出了一个重要而关键的区分,例如,坚硬的触感只是告诉我们,"坚硬"的物体本身在"抗拒"我们的双手。

话虽如此,我们还是通过使用清晰分明的观念,触达了可以测量的定量化世界,以及关于现实的上帝式知识,而这种知识超越了我们通过感官知觉获得的"混沌模糊的观念"。延展的物质事物属于"纯粹数学的研究主题",必须具备那些可以清晰分明认识的所有特质(形状、尺寸、重量、数量、静止或运动)。

我——心灵/身体或二者的混合

如果颜色、味道、气味、声音并不存在于绝对客观的世界,那么就必须有一种处于那个世界之外的主观性,把它们从那个世界采集出来,这种主观存在就是心灵。心灵是表象现形的对象,即便它推理出,颜色、味道、气味、声音并不(如其所现地)对应于现实。正是因为笛卡尔如此热切地追求科学性,拥护当时所谓的"机械哲学",所以他才需要设定出一个分离的"我"。这个"我"有能力(错误地)感知,并且拥有自由意志。

但笛卡尔并不是第一个在心理与物理、心灵与身体之间做出区分的人。早在几个世纪之前，柏拉图就已经把作为生命力的灵魂变形为理性，正是这种不朽的本质使我们得以为人，并把我们与自然世界区隔出来。早期的基督教会和4世纪的奥古斯丁都进一步发展了这一灵魂的概念。

笛卡尔称，自己对"心灵"与"灵魂"的使用是可以交替互换的，可关于他对这两个词的实际使用是否存在不同这一点（"心灵"有时更被偏爱，因为它听起来更科学），在学术上颇有争议。不论如何，他指出"我"（心灵或灵魂）必须一定"与我的身体界限分明"，因为"我"清晰明确地认识到的东西，可以是上帝按照我所认识的样子造出来的，而我对自己的认识则独立于需要我证明、同我联系在一起的"延展的、不思考的东西"。

可是笛卡尔需要这个"我"成为由因果决定的世界的一部分，同时又与这个世界不同。说到底，心理事件会引发物理事件，反之亦然。我对于眼前一块蛋糕的渴望，会引出我伸手够向桌子上的蛋糕的想法；灼伤我的手会导致我的疼痛。笛卡尔在进行解剖时注意到，松果体[1]是不成对的（这跟大脑半球、肺、肾等器官不一样）。他认为，"虽然灵魂与整个身体相连接，但是……与其他所有部位相比，它的功能（在松果体内的）发挥尤为不一般"。笛卡尔还引用了没有实据的"动物灵魂"，作为一种生命机制。

笛卡尔还认识到："我不仅仅像出现在一艘船上的水手一

---

[1] 松果体是大脑腺体，又称脑上腺。——编者注

当"泰坦尼克号"撞到冰山时,乘客推断出船体受到了损害。当我们的身体受伤时,我们会直接感受到身体所受到的伤害。

样,出现在我的身体里,而是……与它交融在一起,由此,我和身体便形成了一个整体。"如果不是这样,那么我就只能像一名水手看到船身在水面上倾斜时,推断出船侧有一个裂口(这显然是"泰坦尼克号"撞到冰山时发生的事)那样推断出自己遭受了伤害。事实上,我并不是通过观察到了流血才推测出我的腿被刺伤了。相反,我是通过感受到的刺痛,来自身体内部即内心的感觉。那么,我们就能像几何学家们一样,使用"理性的自然之光",顺着"由非常简单明了的推理组成的长长的链条",最终抵达关于这个世界的真相。

笛卡尔为哲学的问询,建立了一个新的基点和裁判——思考的个体,从他关于客观上确定的真理/知识的不容置疑的观点中出发前行。

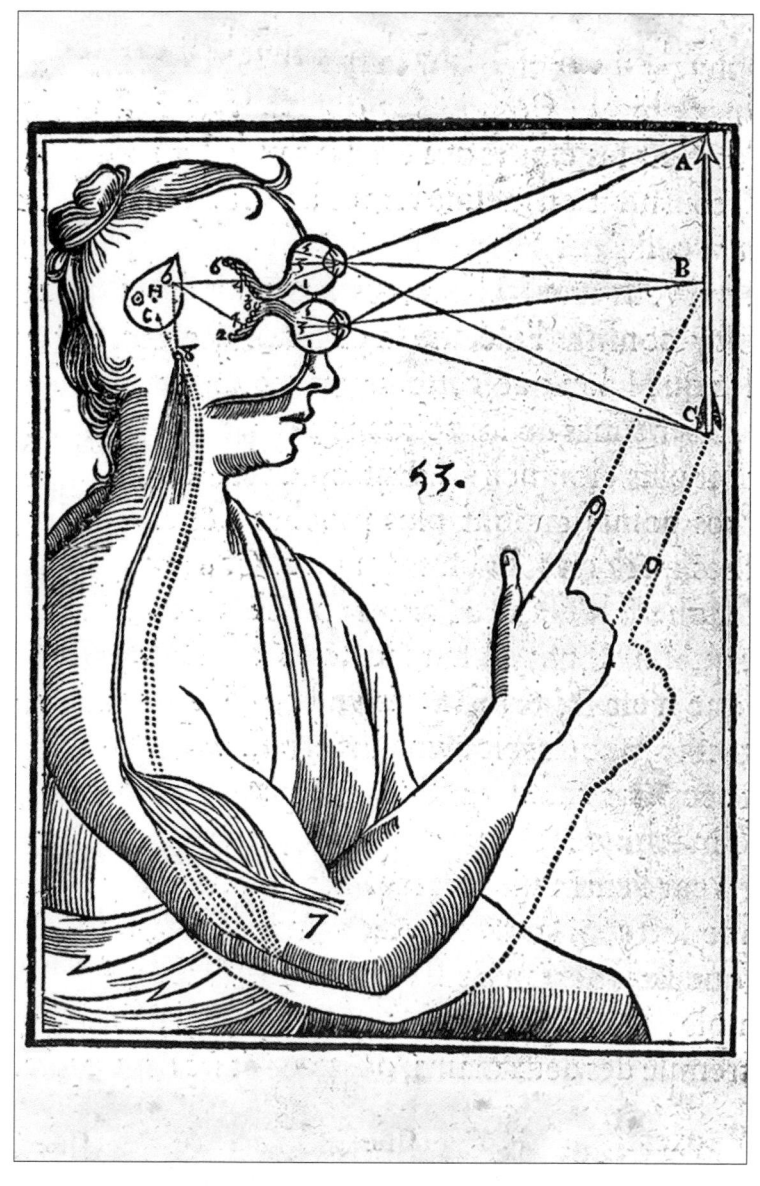

笛卡尔把心灵/身体的问题提上了哲学的议程，当其他的选项逐一失效时，他的二元论立场便成为无效选项的常识性退路。

这些沉思给我们留下了什么

这场思想实验整体上是一次对于第一原则的回归,摒弃了笛卡尔自己以及所有其他人的"先入之见",但这同时也是读者的思想实验。笛卡尔并没有像抬升每一个"我"一样抬升他自己。他在《谈谈方法》中曾说:"能被我们恰如其分地称为'良知'和'理性'的东西,在所有人类中都自然是平等的。"别了,柏拉图的哲人王!笛卡尔并不是在说,每个人都同样聪明,也不是在说,所有的观点都同等有效——"良知"需要得到恰当的运用,只有"臆测"是不够的。但如果我们能确保只把"我们可以清晰且确证地凭直觉知晓或推断的东西"认定为是真实的,那么我们就能像几何学家一样,运用"理性的自然之光",沿着由很简单和很容易的推理所组成的长链,最终抵达世界的真相。

延展的思考,缩减的世界

笛卡尔用一只手给出的东西,又用另一只手把它拿走了。他拓宽了思考的边界,从纯粹的理性行为到意识的一切形态都可算作思考。对于他以及自他以后出现的我们来说,思考不仅包括怀疑、主张、想象和意志,还包括了感受(例如疼痛)和感官知觉(他说,感官知觉的"在我看来"这一部分,"只是思考而已")。

这样一来,自我就变成了主观的和非物质性的,并在某种意义上存在于物理事物之外,甚至包括它自己的身体。而且,哪怕我们最终证实——在某种意义上——我真的正在看见火光，听见火噼啪作响，感受到了温暖，可是在另一种意义上，我的感知依然（即使他已经找到了外部世界的"证明"）是某种错觉。它们并没有精确地呈现出在我心灵之外的那些实际上无色、无声、无味、无香、没有温度的东西。颜色、声音、气味、味道、冷热的感觉，仅仅是特定种类的原子结构与我们的感觉器官发生的交互作用。被赋予了自由意志，而又深陷于意识之中的自我，被流放到那个机械的、因果决定的世界之外。自笛卡尔以来，科学让这个世界变得更加严酷，其程度之深，以至于连笛卡尔口中不容置疑的心灵本身也变得可疑起来。这多少有些讽刺的味道。

　　物理现实如何或者是否能够容纳心理现实[1]，这是在当今的哲学议程上列于顶部的问题。这一心灵/身体问题常常被有失公允地归咎在笛卡尔身上。不管怎么说，他才有最终的发言权。尽管笛卡尔做了各种各样把"我"挤压回自然世界的尝试，哪怕不被认可，笛卡尔的二元论始终是其默认的立场。拒绝心灵说的哲学家们，总是在不经意间跌回这一原点。

---

[1] 心理学术语。指心理可以随意改变的那些规律和法则，都是现实。——编者注

◎ 要点总结：

- 笛卡尔批判了经院哲学、教典权威和亚里士多德。他寻求发现"使我们能够对我们有能力认识的所有事物，做出理性推断的首要原因和真正原理"。
- 笛卡尔在他活跃的时代里，既是一位有名的科学家，也是一位知名的哲学家。他提出了我们至今仍在沿用的世界观：认为世界可以用数学的方法进行测量，并且最终可以由科学进行解释。
- 《第一哲学沉思集》走过了怀疑的三个阶段，直到：
  1. 怀疑论终结于我思故我在（"我思考，我存在"）。
  2. 那么我是什么？是一种具有观念的心理实质，有些观念提示出（它们对应的）外部世界的存在。
  3. 清晰分明的观念是确认真理的标尺。
  4. 上帝的存在性通过因果论和本体论的方式获得了"证明"。
  5. 笛卡尔循环：笛卡尔使用条理清晰的观念来"证明"上帝的存在，而后者又反过来"证明"了条理清晰的观念的有效性，是这样吗？
  6. 对于外部世界的论证。不管他自己想要还是不想要，他的某些观念照样都会发生。既然他已经证明了一个不会欺骗的上帝存在，那么他便知道，只要有意识地运用理性，他就能辨认清楚哪些观念才是准确的。
  7. 感知包括推理。
  8. 理性告诉我们，尺寸、形状、体积、数量、运动或静止这些特质跟它们看起来的样子相同，但颜色、声音、味道和气味则不同。笛卡尔是在第一性和第二性的质之间做出区分（但是没有使用这些术语）。

9. 笛卡尔的"机械哲学"为我们提供了一个荒凉的世界观，在这个世界里，从根本上说，物理学才是真理的终极决定方。

10. 笛卡尔是多大程度上的二元论者呢？他认为每一个人都是一个以某种方式连接并操作一个物理实质的心理实质，但是同时又表示，心理实质与物理实质是"混合的"。

11. 最后，他还是留下了一个心理与物理如何发生相互作用的"难题"（或者说，这个问题实际上是，除了物理的东西之外，还有没有其他东西存在）。

第 3 课

天赋并非天生
约翰·洛克

洛克在他自己的时代就享有国际性的声望,特别是在法国和美国备受推崇。法国哲人伏尔泰曾把他称作"形而上学的赫拉克勒斯"。尽管弗朗西斯·培根和托马斯·霍布斯早就同样以感官经验作为思想的基础,但人们通常还是把洛克视为经验主义的奠基人。洛克跟(对他产生了影响的)笛卡尔一样,提倡追求不受宗教文本或神职人员干涉的科学发现。但是,笛卡

约翰·洛克在他自己的时代便享有国际声望。

尔的目标是要重建我们所知之物的整座大厦，而洛克的目标相对低调一点，是要"对地面稍加清理，扫除挡在通向知识之路上的一些垃圾"，而他本人并不产出科学。

洛克同很多启蒙思想家一样，很深程度地卷入了政治时事当中。他的政治学说很可能影响了美国人反抗英国殖民主义的斗争以及《独立宣言》的撰写。洛克提出，政府是为被统治者服务的，而生命、自由和财产是我们不可被剥夺的权利。他也因主张这些观点而被称为"自由主义之父"。但是，他不只引导了更加温和的传统自由主义，同时也启发了右翼的自由市场自由意志主义。

生平

约翰·洛克在1632年生于萨摩塞特的一个清教徒家庭。他的父亲是一名法律书记，曾在英国内战中为议会派作战。在一位富人的资助下，洛克得以进入英国最好的学校——威斯敏斯特公学读书，而后又拿到了牛津大学基督教堂学院的奖学金。大学期间，他对亚里士多德派的经院哲学深感恼火，于是最终选择研读医学。在担任大学讲师期间，他加入了一个具有先锋性的"自然哲学家"（科学家在17世纪的称谓）小组，并与小组成员共享一间实验室。洛克在机缘之下接到了一个给来访贵宾阿什利伯爵送药的任务。不久之后，他就搬到了阿什利的家中，成为阿什利伯爵儿子的家庭教师，他的秘书、医生和亲密顾问。而在完成那场救了阿什利性命的精密的肝部手术之后，他们的关系便更加紧密了。

1668年，洛克被选入了新成立的皇家学会（他的朋友艾萨克·牛顿和罗伯特·波义耳是学会的核心成员）。这个学会的宗旨是"促进自然知识"，并选定了一个具有典型的启蒙主义色彩的会训"Nullius in Verba"（不信人言），即不要听信任何人的话。

1671年洛克开始撰写《人类理解论》，其灵感来源是他跟朋友之间一些没那么正式的交谈。在阿什利的帮助下，洛克成为贸易与种植园事务委员会的秘书，得以参与到英格兰的财政组织之中，而且几乎可以确定帮助起草了卡罗来纳州的宪法。他在1675到1678年间旅居法国，在那里遇见了笛卡尔的追随者们。

1682年，阿什利（如今已是沙夫茨伯里伯爵一世了）因为反对查理二世的天主教兄弟继承王位而声名扫地。洛克出于明哲而逃亡荷兰，又因惧怕遭到英国间谍的暗杀而化名范·德·林登医生。直到1689年"光荣革命"废黜了詹姆斯二世，洛克才返回英国——与他同乘一条皇家游艇回国的便是未来的女王玛丽。

洛克在海外旅居和出席各种约会期间，一直在进行关于哲学、经济学、教育学和神学等方面的写作（他自此笔耕不辍，直至逝世），完成了两部最具盛名的作品——《人类理解论》和《政府论》——并于1689年—1690年出版。后者同稍晚一年出版的《论宽容》一样未曾署名，而事实也验证，这两本书都具有很大的争议性。洛克有时候会称赞这位不知名的作者，可一旦有人暗指这位作者就是他本人，他就会怒不可遏，即便是他最亲近的朋友也不行。他只在自己的遗嘱里承认了这两本书是

罗伯特·波义耳是约翰·洛克的朋友，也是皇家学会的院士之一。

他的著作。

新任国王威廉为洛克提供了多样的职位选择，包括担任大使，但是他选择了相对不太费力的商务部。他晚年饱受哮喘之苦，最后的日子是和弗朗西斯爵士与玛莎姆夫人在埃塞克斯的家中度过的。玛莎姆夫人是洛克的老友，也有过一段多情的往事。洛克去世的时候，她在床边为他念了赞美诗。

《人类理解论》

洛克意图发现并描摹我们知觉、思考和使用语言的方式，以及我们的所见、所想和所言与所知之间的距离。

他在《人类理解论》中具有导言性质的第一章中说："当我们假定自己可以放任我们的思想纵横于'存在'的汪洋中，仿佛所有那些无限界的范围都自然且必然可为我们所理解时，我总怀疑我们从一开始就走错了方向。我们首先应该检视我们自己的力量，认清它们适用于何物。"

没有天赋观念

同笛卡尔一样，洛克也认为心灵除了它自己的观念之外，没有任何其他直接对象，心灵独自沉思，或者说有能力进行沉思。而观念就是建构知识的组块。可是，洛克所谓的"观念"是存在歧义的。当他说观念是当一个人在进行思考时，理解的任何对象……或者可以在思考中启用心灵进行处理的任何东西时，他的意思是说观念是一种静态的心理意象（就感知而言，观念是由外在于心灵的事物所引起的），还是说观念是自觉或思考的行动呢？无论按照哪一种理解方式（哲学家们对每一种都进行了论辩），"心灵总是紧守着感觉或反省提供给它用来进行沉思的那些观念，与其寸步不离"。

《人类理解论》在篇幅不长的第一卷中驳斥了由笛卡尔和其他唯理论者所持的天赋观念的观点。这种观点认为，儿童天生具有特定的逻辑、形而上和道德的观念，这些观念已经由上帝印在了他们的灵魂上。援引天赋观念，可以为某些特定的宗教、道德和政治理念找到规避批判的庇护所。既然正是关于上帝的观念看上去为上帝的存在作了担保，那么笛卡尔在他的"心灵仓库"中"发现"上帝的观念既自然又十分方便，而上帝的存在进而可以担保笛卡尔其他观点的真实性。

洛克反驳说，即便每个地方的每个人都有一个关于上帝的粗识，也不能据此推定，关于上帝的观念是天赋的，而且话说回来，历史告诉我们的也并非如此。有些社会群体崇拜诸多神明，还有一些不信神，而且"上帝/神"这个词虽然可以跨语言进行翻译，但是翻译后传达出的却是"关于他的自相矛盾和不一致的认识和概念"。儿童并非出生即知上帝。而且，与其像笛卡尔那样，认为一个孩子关于上帝的观念是那位大写的他（为手艺人的上帝）留下的手艺标记，倒不如把这个观念认定为孩子老师的作品更加合理。

同样，任何一个曾"跳出井底而放眼世界"的人都会发现，这世上没有被普遍接受的法则。道德规范在不同的社会中是不一样的。人们总是如此轻易、习惯以常、"经过许可"地背弃他们口中所称的道德，这个事实也是"道德并非天赋的一个证据"。美德受到认可并不是因为它是一种天赋，而是因为它能带来利益。

洛克还批判了逻辑天赋的观点。要想知道婴儿是不是有天赋的观念，唯一的方式就是让婴儿展现出相信这些观念的证据。但是，这些证据是不存在的。洛克预判了唯理论者的反驳——儿童会认同逻辑规则，比如当他们开始使用理性的时候。但他回应说，这正有效地说明了儿童有所知和知道这些规则并非同时发生。不管怎么说，不知道逻辑规则的不只有儿童，还有智力缺陷者、野蛮人和文盲，即所有人中被习俗或借来的观点腐蚀最少的那些人。就连同一律也并不普适，不同的社会对于何为同一都持有各自不同的观点。例如，毕达哥拉斯认为，如果我们是同一个灵魂，那么我们就是同一个人。但是，请洛克不要见怪，难道我们不可以是共享同一个"相同"概念，只是运用的方式不一样吗？

因此，"探究一个人拥有最初的任何观念的时刻，就是在询问他开始感知的时间：拥有观念与知觉是同一件事。"

白板理论（Tabula rasa）

洛克在批判天赋观念的学说之后，又鼓动我们："接下来，让我们假定心灵是一张白纸，纸面上没有任何文字，也不存在任何观念。那么它是如何被涂写的呢？人类繁忙而无尽的幻想，何以在纸上涂写出几乎无穷多的花样？它所拥有的一切理性与知识的材料又是从何而来？对此，我以一言而蔽之，即从经验而来。经验是我们一切知识的基础，知识由经验中来。"他又说道，"我们一旦开始感知，便拥有了观念，拥有观念与知觉是同一回事。"

"感觉"加"反省"产生了知识

洛克称，我们单凭感觉不足以获得知识。感官将观念"领入"了心灵的"暗室"，但是心灵"仅仅是被动地"接收了这些观念。心灵在"反省其自身"之于所接收的观念的"心理活动"，才具有主动性。观念经由这种心灵内部的知觉而得以存入记忆、获得命名并成为比较、组合与概括的对象。

知识是有关对于我们任何一种观念的关联与认同或异议与反对的知觉。我们感知观念的异同、它们的关系、它们的共生性（例如，铁具有磁性）以及它们与现实事物的对应关系。然而，这其中的第四种知觉，在洛克看来是有问题的，因为如果观念（不论其为过程还是内部的客体）都是主观的，是我们经验的总和，那么我们怎么可能出离其外，去审视它们是否对应着引发它们的事物或特征呢？一幅肖像画像还是不像模特，只有当你同时看到模特和他的肖像时才知道。

洛克说，心灵，不论其如何漫步于云端，都不能越过感官

> 外部和内部的感觉是我得以理解知识的唯一通道。据我所见，只有这些感觉才是令光线得以透入这间暗室的窗口。我认为，理解与一间完全隔光的暗室没什么不同，只留下了某些微小的缝隙，把外部的可见的相似物或关于外在（外部）事物的观念放了进来。
>
> ——约翰·洛克
>
> 空中悦鸟自在飞，奈何五官浑不觉。
>
> ——威廉·布莱克

或反省供其沉思的那些观念半步。既然如此，我们便被永远地封闭在心灵之中（也或许是我们心灵中的观念之中），而被排除在外部世界。我们只能通过感官的窗口，接触外部世界的传言与回音。话虽如此，既然我们关于第一性的质的简单观念，是由外在于我们的某些特质直接引发，且与之完全相似的，那么我们或许确乎拥有神秘主义诗人威廉·布莱克所言的"洞穴的缝隙"，即某些可以窥见外部世界的敞开的裂口。

洛克式知觉理论的几点论据

那些在知觉中犯下的种种错误引发了对于外部世界存在性的怀疑，可它反过来也可以小见大地推衍出我们只能间接感知事物的理论——我们感知的不是事物本身，而是又由事物的性质所引发的观念（20世纪以来被称为"感觉材料"）。

1. 来自错觉的论据

我们的感官有时会误导我们——木棍在水中看起来是弯曲的，海市蜃楼欺骗沙漠中的漫游者相信自己看到了绿洲。因此，不论我们看到的是一根真正弯曲的木棍还是一根在水中的木棍，不论我们看到的是一片真实的绿洲还是一片海市蜃楼，我们都产生了相同的视觉印象。实际上我们看到的是我们自己内部的视觉印象，它在某些情况下对应着在我们面前实际存在的事物，而在另外一些情况下则对应不上。

2. 来自知觉相对性的论据

当我看着一张桌子或一处景观时，我的所见会根据我观看它的角度、距离以及我观看时的光线强度和我的视力情况而变化不一。再次说明，我直接感知到的东西不是那张桌子或者那处风景，而是我自己内部的视觉印象，而它与"外面"物理世界中的东西存在着某种对应关系。

3. 来自物理学的论据

伽利略、笛卡尔和其他的"自然哲学家"已经开始意识到，我们所谓的"声音"并非在我们身体之外，而是振动的声波与我们的听觉神经与大脑交互作用的产物。同理，不需多久，人们也会理解，颜色也并非内在于客体，而是光波作用于我们的视网膜和视觉神经的产物。很多非人的生物都不具备从光波推知颜色的视觉能力。因此，我们对于声音和颜色的印象并不是外部世界中任何东西的回声或镜像，相反，它们是由我们身体外部的震荡,刺激了我们的感觉器官所产生之物。

4. 时间差论据

这是洛克的论据在现代的一个补充。太阳光抵达我们身边需要八分钟的时间,所以我们看到的太阳其实是八分钟以前的太阳。如果太阳爆炸了,那么我们在它爆炸后的八分钟才会看到。最近,人们观测到了一颗行星的"爆炸",而这场爆炸实际上发生在伊丽莎白一世在位时期,距今已有五百多年。同理,虽然雷和电是同时发生的,但是雷似乎总是比闪电更晚出现,这是因为声波传到我们的耳朵需要更长时间,而我们首先看到的是闪电的光。

因此,我们通过视觉、触觉、听觉等感官,直接体验到的东西是由外部世界中的物理客体(及其特质)所引发的观念(感觉材料)。关于特质的观念(感觉材料)可能与特质极其相似,或者就颜色、声音等情况而言,特质的观念是特质作用于我们的感觉器官而产生的结果。同笛卡尔一样,洛克为我们描述了一个由可测量的、可数的广延事物所构成的世界。这种物理学家式的陈述谈及了光线,其与视觉神经交互作用,从而使我们拥有了关于颜色的体验。此外还有振动,其通过与我们的听觉装置的联动,使我们听见声音。如果移除世界上所有具备感觉器官和意识的生物,那么光线仍会继续四射,但是颜色将不复存在;空气中的震荡不会停歇,但是再也不会听见声音;粒子会提高或降低它们的运动速度,但是不会再有人感受到冷或者热。如此等等,不一而足。

心灵家具

1. 简单观念

简单观念是我们所有知识的基础组块。心灵可以利用它接受到的简单观念，建构出复杂的观念，但不能发明或者建构新的简单观念。很多简单观念（比如气味和味道等）只通过一种感官触达我们，且没有特定的名谓。

我们具有关于**第一性的质**和**第二性的质**的简单观念。第一性的质指一个客体的形状、大小、重量和数量，以及它的运动或静止状态。不论我们是否观察到，这些特质都始存在客体之内（即独立于我们的感知而存在），而且不论做任何改动，这些特质都会保持在客体之内（如果你切开一粒麦子，然后把这两半再切一半，它仍会拥有大小和静止的特质）。

第一性的质可进行数学上的测量，并可为两种感官所获——视觉和触觉。关于第一性的质，我们所持有的观念往往与特质本身极似。我们也许会在认知某个客体实际的内在形状上犯错，但是绝不会在这个客体具有形状这一事实上犯错。

第二性的质不是任何存在于客体自身内部的东西，而是在我们内部产生各种各样感觉的能力。洛克紧跟当代的科学。声波是在16世纪被发现的，随着人们意识到声音是振动作用于我们听觉神经的产物，那么进一步的推论也变得再明显不过了，即颜色、温度、气味与味道本质上也并非它们表面所示的样子。照洛克的说法，第二性的质本身与我们所感知到的东西毫无相似之处。如果没有人感知，那么它们就会还原回它们的起因。

心灵

第二性的质 | **第一性的质**

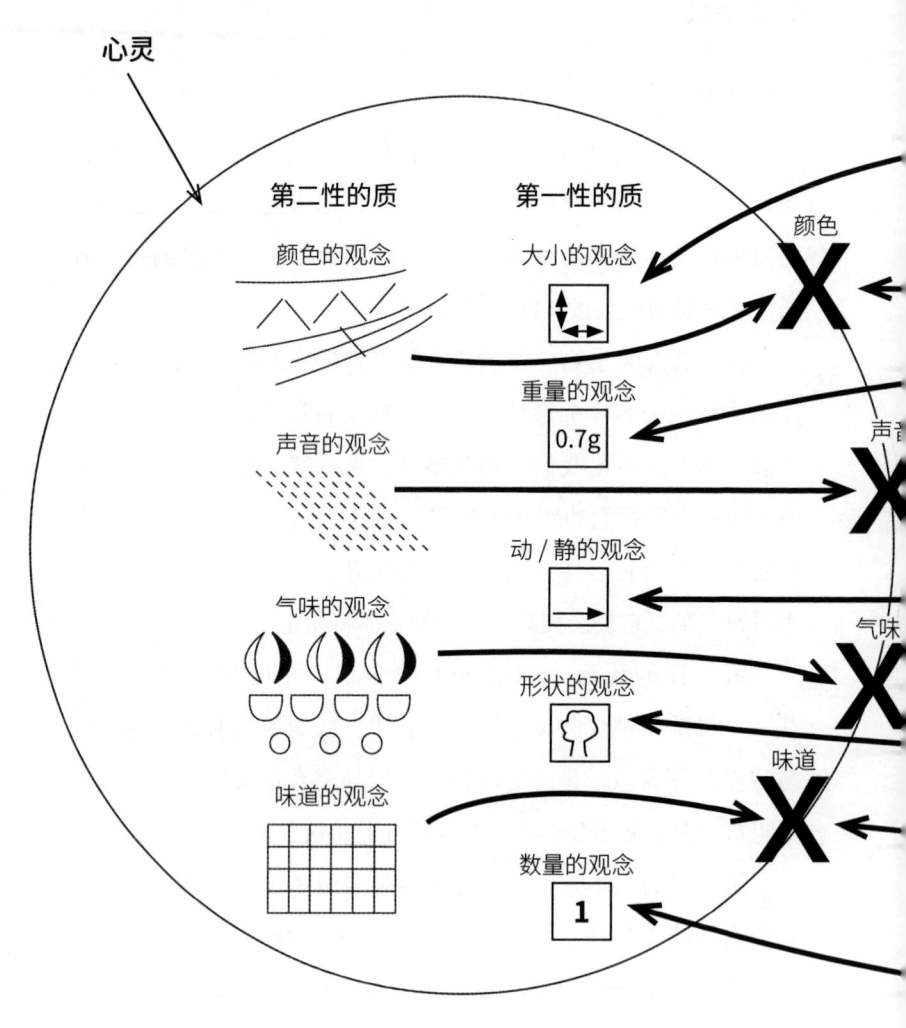

颜色的观念 | 大小的观念

声音的观念 | 重量的观念 0.7g

气味的观念 | 动/静的观念

　　　　　　| 形状的观念

味道的观念 | 数量的观念 1

颜色　声音　气味　味道

第一性的质直接引发与视觉和触觉相似的观念。第二性的质与感觉器官、神经和大脑交互作用，产生与它们并不相似但是有系统性对应关系的观念。

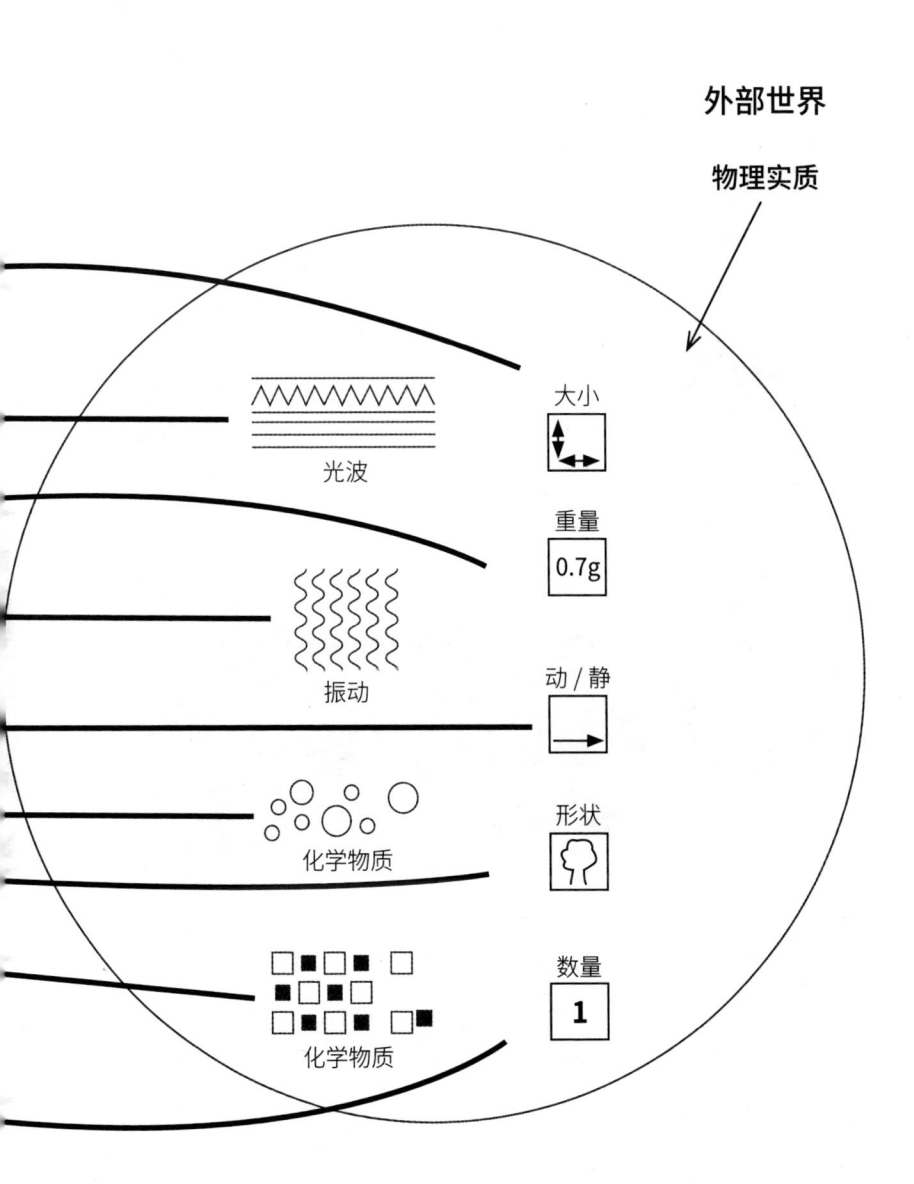

外部世界

物理实质

光波

振动

化学物质

化学物质

大小

重量
0.7g

动/静

形状

数量
1

《人类境遇》(*The Human Condition*),勒内·马格里特绘(René Magritte),版权归属巴黎的平面和立体艺术品作者协会和伦敦的设计和艺术家版权协会,2018 年(©ADAGP, Paris and DACS, London 2018)

比利时超现实主义艺术家马格里特为这幅画作写道:"于一扇窗前,从屋内向外看,我把一幅画摆在此处,画面精准地再现了被它遮挡住的那部分风景。因此,画中的树刚好遮挡住在屋外被描摹的那棵树。对于观者而言,这棵树在他心中依旧存在。他的心里同时存在着屋内画作里的那棵树,和屋外真实风景中的那棵树。这正是我们观看世界的方式:我们将它视为外在于我们自身之物,即便它只是我们在自身内部体验到的一个关于世界的心理再现。"

但是，他有资格这么说吗？根据他的经验主义学说，我们所感知到的一切都是观念，而我们的知识（由观念的比较、组合和抽象构成）并不会延展于它们之外。所以我们怎么能知道，我们没有感知的特质与我们关于它们的知觉不一样呢？

洛克还提到了一种第三性的质——一个客体在另一个客体的第一性的质中引发变化，而使第二个客体对于我们感官的作用与初始不同的能力（例如，火熔化蜡并改变它的颜色）。根据洛克的说法，由于我们体验到了自己身体部位的自主运动，于

莫利纽兹问题

爱尔兰科学家威廉·莫利纽兹在写给洛克的信中，提出了一个与简单观念的理论密切相关的问题。假定某人从出生开始就是盲人，只通过触觉学习过如何区分立方体和球体，如果他突然能看到东西了，那么他有能力仅仅通过视觉就能判断两种形状吗？洛克的回答是：不能。既然心灵在出生时是一块白板，且只能通过经验积累简单观念，那么它没有理由会自动把简单的触觉观念同简单的视觉观念关联到一起。

威廉·莫利纽兹提问：一个突然拥有视力的盲人能不能区分两种不同的形状。

是不仅认为我们自身拥有"主动的"和"被动的能力",而且认为动物、水、火等诸多客体,当它们移动或改变周围事物时,也具备同样的能力。

2. 复杂观念

它们是由心灵用简单观念制造出来的,分为三种:

(1)情状:事物的属性(三角形)、事物排布的方式(线性)、某物被看待的方式(美、偷窃)。

(2)实质:被认为统一于一物的一定数量的简单观念的集合,等同于一个独立存在的实体(一个人)或一个实体集合(一支军队)。

(3)关系:关于关联或比较(父子、大小、因果)关系的观念。

3. 实质

自亚里士多德以来,形而上学者将独立存在的事物均视为一种"实质"。实质的特征、情状等随时间而变,但实质不变。与之类似,洛克也说到,我们形成的复杂观念,是体验特定特质常见的共存性而产生的一个结果。不仅如此,这种特质的共存性还假定来自某种特定的关于未知要素的内部建构。但是他真的认为这种假定是合理的吗?他提到了一名有智识的天主教徒正准备违背自己感官上明晰的证据,"生吞"变体论学说的荒诞性。据变体论称,当神父在弥撒仪式上说出某些特定的言语时,他手中所持的圣饼的实质就变成了耶稣,而它仍然保留着圣饼的特质。

洛克有时还会暗示说，任何一种关于实质的概念，都同样缺乏合理性。依据他的间接现实主义，实质只是我们有明晰观念的"特定特质"。既然如此，我们凭什么假定它们在表面之下还有任何潜在之物呢？看起来，他常常把"一般意义上的纯粹实质"这一概念，贬斥为一种想象出来的权宜替身。就像他口中的一位试图解释支撑宇宙空间中的世界之物的印度哲学家所做的一样（一头大象站在一只巨龟上，而巨龟站在"某种东西上，它也不知道那是什么"）。

可是，他的理论难道不要求每一套共存的第一性的质和第二性的质之下都有一种特定的实质吗？洛克在回应来自伍斯特的新教主教的批评时，坚称自己并没有"抛弃"实质，而是说，关于实质，洛克只有一种非常不完善的、模糊的、不充分的观念。或许这只是一则单纯的政治上的声明，至于洛克是否在对"实质"表示怀疑（或讽刺）尚有争议。那么，他是在批评这一术语的普通意义，还是仅仅做了一个陈述报告，也有待讨论。实际上我们也不知道他是不是真的认为"一般意义上的实质"存在，以及/或者第一性的质和第二性的质会由"特定种类的实质"支撑并整合。又或许，他甚至可能认为特定的实质就等同于"实在本质"。

4. 抽象观念

（1）心灵使从特定客体中接收到的特定观念变得一般化，途径是通过从它们切实而具体的经验中提取此类观念，并将其分别考虑，然后再为它们命名。观察到粉笔、雪花和牛奶中的相同颜色，我们称之为"白"。

（2）再有，假定每种同时发生的特质组是由某种"特定的实质"所支撑，我们从"特定实质"反复出现的相似性中泛化出某些"一般性实质"（"人""老虎""郁金香""金子"）的观念。但是我们这种做法具有合理性吗？

5. 名与实（名义本质与实在本质）

洛克说，物种的分类法是人为之物，是"理解的手艺"，是抽象观念的独断式建构，因此属或种并非自然的类别，只具有"名义上的本质"。另一方面，他又说到"事物的实在建构"，在实质上通常是未知的，它们可被发现的特质依赖于此，或可被称为它们的本质。当他提到"实质假定的实在本质"时，"假定"便是一种典型的闪烁其词。他的意思是，我们相信实质存在或实质具有实在本质是错误的吗？还是说，他的意思是，即便我们只能对这些本质究竟是何物进行臆测，客体也确实具有实在的本质呢？

洛克吸收了他的朋友罗伯特·波义耳的原子论（或"微粒论"），尽管他并没有为此提供任何论据或经验证明。他说，我们关于第二性的质的观念，跟那些特质实际的样子毫无相似之处。然而，"我们也许会设想"（他的意思是说我们应该设想吗？），我们关于它们的观念是"由观察不到的例子作用于我们的感官"而产生的，就像显微镜可以向我们展示肉眼无法看见的更多东西一样。如果上帝给了我们比显微镜更强的眼睛（他没有给，因为我们不需要），我们便能够感知到第二性的特质作为微小的第一性的特质的实际样子。

那么，也许洛克认为特质"内在于"客体，且客体确实具有实在本质，即原子的组成，我们永远不会对这种结构形成观念，却仍然可以正当性地假定其存在。也许甚至还会有一种情况，有时候，我们的抽象观念建构出的"名义本质"，实际上恰好与其未知且不可知的实在本质重合一致。他的意思可以理解为，一个客体的"实在本质"就是它的实质吗？如果是这样，那么一个实质到底单纯是特质的去特质化"支撑"，还是其本身也具有特质呢？

语言

洛克眼中的语言主要与命名相关。正如他认为我们直接感知到的东西是（由我们只能间接感知到的事物所引发的）观念一样，他也认为言语代表了我们关于事物的观念，而不直接代表事物本身。言语的功能是作为"我们内部观念的外显记号"。亘古不变的用法在特定的声音与它们代表的观念之间建立起一种联结，从而使它们能够在说者和听者之间引动相似的观念。这种说法当然存在很大的问题，连同洛克认为语言主要与命名相关的初始假设一起，遭到了后来维特根斯坦及其他众人的责难。

洛克始终认为，只有具体特定的事物是存在的，而我们创造了"通用的观念"，并为这些观念匹配了"通用的语言"。

人格同一性

在一个特定的时间作为一个人意味着什么？跨越时间作为一个人又是什么意思？某物可以既发生变化又保持不变吗？不变的是什么？洛克称，某物可以在非同一个 y 的条件下仍然是同一个 x。他对于人格同一性的处理，在当时是完全新创的，至今仍可作为讨论这个问题时的一个经典的起点，而且他还开创了思维谜题的风尚。

他首先说到，非生命的事物仅仅通过减损或增加粒子就可以变成不同的实体，而对于机器以及有生命之物而言，关键之处则在于整体的"继续不变的组织形式"。就机器来说，修理以及增添或减少零件使它们得以作为"同一个组织体"继续运作，且这种增补是从外部完成的。就生物而言，这种变化来自内部（橡果变成橡树，小马驹成长为发育完全的马匹）。但是，我们

知识的限度

洛克写道："我们的能力不适于穿透身体内部的肌理，探触实在的本质。"可以说，他的悲观论调后来一直在被瓦解，因为很多他以为不可知的内部机制和原子结构已经得到了表面的揭示，但也只是表面而已。整个科学事业都在以一种洛克精神运行。任何一种科学理论都只是临时性的。科学中使用的概念和得出的结论，都被认为是临时性的，受限于我们观察和测量的方式及范围。

能否得当地称某种（跨越时间）发生变化之物仍是同一物，这要取决于我们对它的归类方式。依照他的理论，我们所感知到的是观念，我们进行命名的也是观念（而非事物），因而他在某物是同一人、同一灵魂、同一实体及同一人格之间做出了区分。他认为，这些（在外部世界得以具象化的）概念并不一定相符或相合。

洛克说，"人"的观念并非"有思想的存在"，只是"具有如此一种特定形态的动物而无他"。如果黑利阿迦巴鲁斯（一名邪恶的罗马皇帝）转世成为一头猪，我们不会说这头猪还是那同一个人，或者说它还是黑利阿迦巴鲁斯那一物质实体。但是那头猪的灵魂会不会还是同黑利阿迦巴鲁斯那个人一样呢？说到底，灵魂毕竟是一种精神实体。

洛克给出的答案是：非也。尽管向伍斯特主教申明了自己坚信实体，可他不但否认精神实质（灵魂）决定人格同一性，还大胆地质疑了精神实质本身的概念——甚至提出了上帝可能已将思考的能力赐予了某些物质之物的可能性。正如"动物同一性"保存在生命的同一性而非实质的同一性之中，人格同一性也不是由物质实质或精神实质构成，构成人格同一性之物，是任何可以使一个正在思考的有智生命，在当下以及不同的时间和地点都将自身认定为自己的东西，它只凭着这种与思想不可分割的意识，完成这件事，且在我看来，它对于思想而言不可或缺：任何人都不可能在感知不到他感知的情况下进行感知。其中最重要的在于所认定的行为，并非认定的事物。

洛克是在对笛卡尔式的自我去具体化（去物化），转而使其成为一种意识进展,于记忆中向后延展,在自我关注中向前延伸。如果我的小手指被砍断,那个手指就不再是现在的我了,但是如果这一意识随着小手指而去,那么未来的我就不再是这具完整的身体,而是被砍断的小手指。如果黑利阿迦巴鲁斯变成猪后还记得自己是黑利阿迦巴鲁斯,那么这头猪就是黑利阿迦巴鲁斯;如果一位王子的灵魂与一名鞋匠的灵魂互换,只要这个灵魂携带着王子过去生平的意识,那么鞋匠和过去的他相比,就不再是同一个人了,正如王子也不再具有与此前相同的人格。

如果黑利阿迦巴鲁斯的灵魂转生为一头猪,我们不会说他还是同一个人,但是他会不会还是同一个人呢?

"人格"不仅传达了意识跨越时间保持不变的观念,还具有一个法律的维度。一具身躯里可能同时存在两种人格,又或者一种人格可能在不同的身躯之间跳转切换;如果某个人不记得他在夜间做的事情,那么公平而言,这个"日间之人"就不应为那个"夜间之人"所犯下的行为而受到惩罚(他们是不同的人格)。洛克承认,这种理由不能在法庭审判中用作辩词,因为它不具有可证性，但是它在"最后的审判"中却一定是有效的！

对洛克有关人格同一性观点的批评

1. 同他在实质问题上的处理方式一样，洛克一面视我们日常说话的方式为同一性的决定性因素，一面又在质疑我们的日常用语，于此两端举棋不定。

2. 他可能事先假定了本需要他进行证明的前提：巴特勒主教反驳说，关于记忆／自我意识的言说本身就预设了一种实质。

3. 洛克无意间将意识具体化，使其近似于一种思考的实质。

4. 各种不同的批评者都质疑过记忆原则。与洛克同时代的托马斯·里德设想出一个因为偷窃苹果而挨揍的淘气男孩。数年之后，他成长为一名骁勇善战的中尉，带领军队攻城略地，最终成为一名将军。这位将军在中尉时期，记得自己曾是一名淘气的男孩，但成为将军后，只记得自己曾是骁勇的中尉，已经记不起那个淘气的男孩了。那么，虽然中尉仍是那个男孩，可将军跟男孩还是同一个人吗？同一性难道不应是具有传递性的吗？

5. 我们的记忆经常出错。记忆需要准确到什么程度才能算作是记忆呢？

洛克的政治哲学

洛克在牛津求学期间，于道德和政治上都属于保守派，但是他后来却变成了"自由主义之父"——只是其父亲，而不是其化身——可是，今天的读者如果在读到洛克的政治论著时，为洛克没有如自己所期待的那样思想前卫而感到失望，这只是因为他们忘记了洛克在他所处的那个时代是多么具有革命性，也忽视了由他开创的那类思想自始以来取得了多么大的发展。

洛克在他的《宽容论》[1]（*Essay on Toleration*，1667年发表）和《论宽容》（*Letter on Toleration*，1689年匿名发表）中，他抨击了宗教事务中的政治或法律压迫。将人们引向救赎的是"上帝的精神对它们心灵的内在束缚"，而非"任何强制性的外在表现"。但是，天主教徒宣誓效忠于（异国的）教皇，无神论者是不可被信任的"不羁的野兽"，且二者都被排除在宽容之外。

洛克《政府论》的第一篇，用尖锐的观点驳斥了罗伯特·菲尔默主张王权神圣的政论《父权制》（*Patriarcha*），第二篇则概述了公民政府的起源、范畴与目标，其对于政治哲学的深远影响至今未衰。

公民政府（《政府论》第二篇）

同托马斯·霍布斯（1588年—1679年）一样，洛克基于有关人类习性与欲望的经验事实，提出了一种社会契约论，可即便他的一生也同样颠簸于动荡不安的年代，他的"事实"以及他的理论，却比前人更加乐观与宽和。

在霍布斯看来，人类通过制定契约而得以规避的自然状态，是一种万物相敌的战争状态，"每个人都是彼此的敌人"，而暴

---

[1] 为与《论宽容》做出区分，翻译为《宽容论》。——译者注

启蒙哲学篇

托马斯·霍布斯在1651年首次出版的《利维坦》一书中提出了他支持强权政府的论调。

力的威胁剥夺了工业、农业、交通、学习和文化的权利。每个人的生活都是"孤立的、贫穷的、卑下的、野蛮的和短缺的"。但使我们得以避免这种"战争状态"的契约,同样也是晦暗的。每个人都必须同意屈从于一个人或一个团体的绝对权威:巨型怪兽利维坦[1]。霍布斯并不拥护国王的神权(利维坦的力量来源于人民),但是他认为君主制是政府的最佳形式。国王不仅决定着一个国家的法律,还决定它的道德。所谓的暴政只是不被喜爱的君主政权而已。

洛克眼中的自然状态则更为温良,在这种状态下,人们是自然、平等、独立的。自然的法则责令我们尊重彼此的"自然权利",包括生命、自由和财产。但当有人违背自然法则时,很难强迫他顺从。由此才有了原初的契约,其中每个人通过与他人就建成一个归于统一政府之下的国家政体达成共识,而让自己背上对社会中每一个人应负的一种义务,即屈从于大多数人的决定。人们只要沿着国家公路行走,就可以表现出对于遵守国家法律的默示与认同。

在洛克看来,政府的目的是人类的福祉、财产的保护和其他自然权利。任何一个政府如果做不到这一点,那么把它推翻都是正当且合理的行为——洛克在为革命提供这种许可时,表现出极大的勇气。

---

[1] 利维坦:在《圣经》中是一种象征邪恶的海怪,通常被描述为鲸。在基督教中是恶魔的代名词,代表"嫉妒"这一罪行。——编者注

财产

上帝将土地赐予每一个人，但是我们可能会说：一个人的身体劳动，他用自己的双手完成的工作，照理属于他自己。因此，他自己通过劳动——耕作、种植、培育——的任何东西，都正当地成为他的独有财产。说到底，他已经把这些东西从自然赋予它的常态中剥离出了。如果不是这样，它就将保持原样，百无一用，终归腐朽。只要不去"为难"他人，那么人人都有为满足自己的使用需求而进行劳动积累的正当权利。如果他的水果腐烂、鹿肉腐坏，或者他盗取了邻居的那一份"劳动"，那么他就违反了自然的普遍法则。

洛克也承认，金钱制度改变了这种听起来公平的安排。因为一小片黄色金属很容易流通，且不容易腐烂，它极大地拓展了价值和所有权的影响范围。他似乎乐观地认为，好的政府能够防止不道德者对金钱的滥用，同时又能推进财富和人口的增长。但事实上，即便没有金钱制度，以种植劳动作为土地所有权的标准，也是充满危险的，有的则更甚。洛克的理论可以被援引用于为英格兰圈地运动，和美国侵占印第安人领土进行的辩解，实际上也确实有人这么做过。它还影响了马克思的异化理论。这种理论认为，在资本主义之下，劳动者被剥离了自身的人性，因为他的劳动是如此零碎、机械和没有意义。这一理论受到了来自20世纪的自由主义者罗伯特·诺齐克的嘲笑。诺齐克若有所思地提出："如果我洒了一罐番茄汁到海里，它的分子会与海水均匀地混合在一起，那么显然我拥有了大海。"

洛克被进步自由主义一派纳为同道——他推进了以赛亚·

伯林所谓的"消极自由",即个体在其私人领域内不受外部侵害的自由权利,如言论自由、行动自由、信仰自由的权利。但他同时也被无情的持自由意志论的自由市场主义者引为同流。他的"劳动混合"理念听起来毫无乡土情谊或田园地气,当他提到不只是他本人栽种的东西,还有他的仆人种植的东西都应该属于他时,就更有原始资本主义的味道了。在洛克设想的国度里,拥有仆人的人拥有比其他人高出数倍的财产。

近年来,人们围绕洛克在财务和政治与奴隶制的联系,展开了大量的讨论。洛克投资过贩卖奴隶的皇家非洲公司,尽管他凭借自己在贸易委员会的职位,对奴隶所有制下的美国人施加了影响,但是他协助起草的《卡罗来纳宪法》中,还是包含了这样的一条法令:"卡罗来纳州的每一名自由人,都有支配其所有黑奴的绝对权力与权威。"《政府论》第二篇的第四章论奴隶制内容非常模棱两可,大概忽略了非洲人,只适用于欧洲人,甚或间接地将奴役非洲人作为一项战争权利而加以辩护。

洛克,这位"自由主义之父",本人并不是绝对理想的自由主义者。但是话说回来,指望他成为理想的自由主义者是不符合时代规律的。再说,他的政治哲学也确实为后来者打开了自由之门。

◎ 要点总结:

- 《人类理解论》探讨了我们可能知道什么以及如何才能知道。
- 我们的知识由观念构成,只有观念才能为我们所知。
- 天赋观念不存在:我们的观念只能从经验中来。感觉加反省引发知识,知识感知我们任何一种观念的认同或异见。
- 我们具有关于第一性的质和第二性的质的简单观念。
- 第一性的质指一个客体的形状、大小、重量和数量,以及它的动静状态。它们独立于我们的知觉而存在,而我们关于它们的观念与这些特质本身相似。
- 第二性的质是在我们内部引发多种多样观念的东西(例如声音、颜色、温度等)。
- 第三性的质是一个客体具有的改变另一个客体的第一性和第二性的质的能力。
- 复杂观念是由心灵利用简单观念制造出来的。抽象观念是泛化的质,是从反复出现的特质群体中泛化的"物"。
- 实质(或实体)是一种不可或缺的替代性概念,可能指一种我们永远都感知不到的潜伏的"某物"——或者指凭空发明出来的东西。
- 名义本质上是我们对特质与事物进行分类的不同方式的结果。实在本质可能(虽然不可感知)构成了我们感知到的某些特质组合的基础。
- 我们的知识是有局限的,我们永远也不可能知道事物的内在本质。
- 我们为我们关于事物的观念命名,而不命名事物本身。我们通过创造抽象观念并为其命名而创造通用的语言。

- 人格同一性依托于记忆。一头被黑利阿迦巴鲁斯的灵魂附身的猪,不仅不再是同一个人——他/它也不再是同一个人格——除非他/它还能记得自己曾是黑利阿迦巴鲁斯。洛克对笛卡尔式的灵魂发起了冲击。
- 根据洛克的灵魂契约理论,人即便在自然状态下也拥有自然权利,包括财产权。一个立有公正法律的政府,会使这些权利更加稳固。一个非正义的政府,可以被名正言顺地推翻。财产是通过种植土地而获得的(因为我们拥有我们自己的身体,以及由它们完成的劳动)。

第 4 课

上帝并不存在
本尼迪克特·德·斯宾诺莎

斯宾诺莎就像那个著名的鸭兔错觉[1]一样,在他身上可以看出两种完全不一样的东西——既是一位不恭的无神论者,又是一位醉心于神的人;既是一位严格的决定论者,又是一位主张通过自我掌控的方式实现自我解放的人。心灵和肉体,在他的双面观中,既是相同的,又是不同

斯宾诺莎看上去充满了矛盾。他既是一位决定论者,又同时主张自我解放。他似乎痴迷于上帝,可在其他时候,却更像是一位无神论者。

---

[1] 鸭兔错觉:一张可以既看为鸭,也可以看为兔的图。——编者注

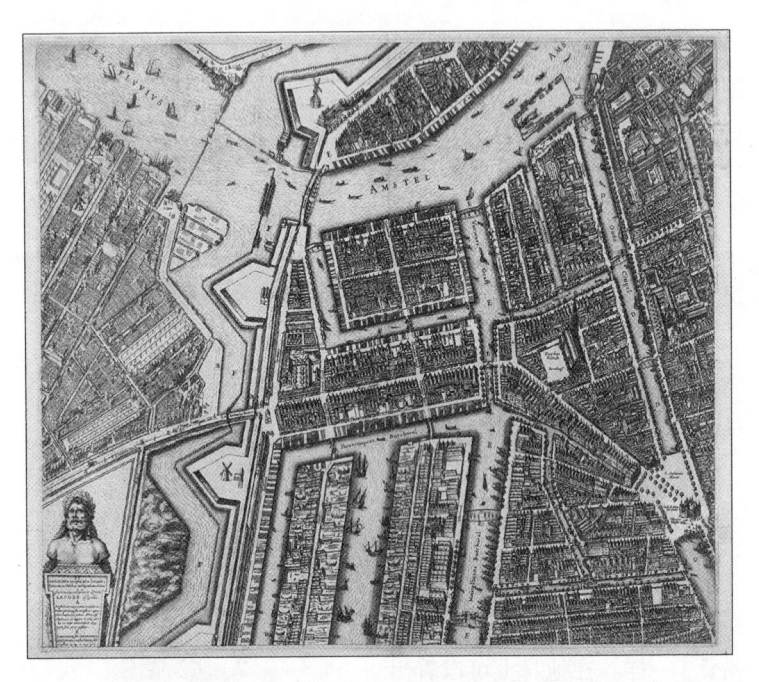

17世纪的一张地图，展示了斯宾诺莎随家人逃离宗教审判后在阿姆斯特丹居住的区域。

的。他可以被称为巴鲁赫（这是他原本的犹太教名），也可以被称为本尼迪克特（这是他在被驱逐出犹太社区，并受到诅咒时给自己取的拉丁语名字。两个名字的意思都是"神佑的"）。他是一位唯理论者（这种人以理性而非经验作为真理的最终裁决），可他又在浪漫主义者对他的阐释后，对浪漫主义产生了影响。

同样受到类似影响的，还有19世纪的反理性主义者叔本华。在他最具盛名的著作《伦理学的两个基本问题》（1840年发表）中，他利用一种严谨的几何学结构，对情感展开了一次别有生趣的分析。

斯宾诺莎在对于良心自由、言论自由和新闻出版自由的维护上毫不含糊，而且他是第一位做到这一点的重要思想家。然而终其一生，由他署名出版的著作也只有一部批评《笛卡尔哲学原理》的书。其匿名出版的《神学政治论》（1670年出版）很快被禁，并被荷兰归正会谴责为"有史以来最恶毒、最亵渎神明的书"。这本书质疑了宗教叙述中的历史准确性、预言和奇迹的真实性，以及神法自诩的启示究竟是否对理性的"自然之光"有过增补。

斯宾诺莎说："虽然引导人们相信奇迹是为了巩固宗教信仰，但是从逻辑上来说，相信奇迹必然会引向无神论，因为它向由上帝定下的自然秩序发起了怀疑。"他还批判地指出：神学家们妄图借用神的权威，从经文中"篡改"出他们自己随意发明的观念，而宗教只是强迫他人照自己的方式进行思考的一种托词。他进而主张说，表达自由非但是无害的，反而对公共和平、君主权威和虔诚敬信而言必不可缺。

近年来，乔纳森·伊斯雷尔在自己的一系列书中，明确地把斯宾诺莎推举为极端启蒙运动的领军人。但也有其他历史学家反驳说，斯宾诺莎的著作几乎到18世纪末才有人阅读，而且大肆铺染的"斯宾诺莎主义"也很难说真有什么影响力，因其并不是一套了然明确、清晰易理解的观点，反而更像是一个偏执者滥用的术语名词。

生平

巴鲁赫·德·斯宾诺莎在1632年11月24日生于一个葡萄

牙裔的犹太人家庭，他们全家为逃离宗教审判，迁居到更加有包容性的阿姆斯特丹生活。当斯宾诺莎的父亲（一名果干商人）于1654年去世时，他放弃了所有的遗产继承权，搬到弗兰西斯科斯·范·登·恩德的家中。恩德曾是一名耶稣会士，后成为一名书商。他是斯宾诺莎的拉丁文老师，很可能也教过他科学和笛卡尔哲学。搬到恩德家的两年后，二十四岁的斯宾诺莎遭到了来自犹太会堂和犹太社区的驱逐。会堂和社区向他发出了一条格外严酷的驱逐法令（herem），其原因很可能是因为他那些在所有宗教中都会被视为异端的思想。不久后，斯宾诺莎便离开了阿姆斯特丹。

虽然斯宾诺莎常被人们想象为是一名孤绝的苦行者，但实际上，他似乎很爱他的朋友和国家，而且颇得白酒和烟草之乐。在撰写那些匿名发表的书籍的同时，他不懈地追求科学知识，特别是光学。而他谋生的手段，则是为眼镜、望远镜和显微镜制作和打磨镜片。斯宾诺莎凭借自己在技术手艺和哲学博识方面的声望，结识了几位同时代顶尖的天文学家和数学家，还在去世前一年接待了莱布尼茨的拜访。海德堡大学曾向他发出教授席位邀请，但却遭到了他的拒绝，这其中至少有一部分原因，是他对自己哲学工作的自由度可能会受到的限制格外警觉。

斯宾诺莎的追随者之一，阿德里安·柯尔巴被逮捕后惨遭折磨，最终死于幽暗的监狱。斯宾诺莎的老师，范·登·恩德，在参与刺杀路易十四的密谋败露后，在巴士底狱外被处以绞刑。斯宾诺莎的好友及共和党同仁——德·威特兄弟，被奥兰治暴徒杀害后，裸尸悬挂示众，肝脏被食。斯宾诺莎在听闻他们被谋杀的消息时痛哭不止。他还做了一张海报，上面写了"ultimi barbarororum"（最坏的野蛮人）。斯宾诺莎的房东为防止他出门展示这一标语，把他锁在了房间里。几年后，斯宾诺莎被派往法国执行一项和平使命，回国后一群愤怒的暴民集结在他的房门外叫他间谍，还威胁说要闯进房子里杀了他。他走到房门外，向他们表达了自己对于荷兰共和国的热爱，然后他们便散去了。

与此同时，他在《伦理学》中宣扬快乐，主张我们应当使自己脱离那些看起来会引发我们情感的东西，摆脱那些本应产生的爱与恨。

斯宾诺莎死于肺结核，他的病症因为在磨镜片时吸入玻璃尘渣而不断恶化，去世时年仅四十五岁。

《伦理学》中的实质、样式和属性

"让我们想象，一条生活在血液中的虫子，可以通过视觉区分血细胞和淋巴细胞等等。这只虫子生活在血液中的状态，就如同我们生活在宇宙中，是宇宙的一部分一样，它会认为血液的每一个粒子都是一个整体，而不是一个组

斯宾诺莎把欧几里得的方法，运用在了作为一个整体的理性哲学之上。

成部分。它没有机会知道，所有这些组成部分，是如何被血液的普遍本性所调控的，也不知道它们是如何在这种本性的迫使下彼此适配，从而在一种确定的法则下，和谐共处于一种一致性当中。"斯宾诺莎在他所写的一封信中创造了这个隐喻，喻指他在《伦理学》中主张的那种统一的、互相关联的现实。

斯宾诺莎跟绝大多数同时代最进步思想的知识分子一样，也是笛卡尔的热忱读者。笛卡尔宣称，几何是证明性论证的最佳模型，而斯宾诺莎对此说法几乎照单全收。《伦理学》以欧几里得式的做法（而且使用了拉丁语）阐述了定义、公理和标榜由前二者推出的命题。他开篇先是定义了一套自亚里士多德以来，一直用在形而上学概念区分上的术语："实质""样式"和"属性"。在"实质"的定义上，他沿用了一种标准的方式——实质以自身独异的方式，独立存在并被构想出来，但是他随后进一步阐发了实质独立性的观点，并做出了逻辑上的推论。在他之前的绝大多数哲学家，即便（如笛卡尔一样）认识到，即便完全独立的实质只有一个（上帝），可他们还是认为现实是由无数个"被创造的实质"组成的。而斯宾诺莎则通过一系列叠加累进的论证"证明"，如果实质是自主的，那么在逻辑上就不存在一个实质，由另一个实质引发或限制的可能性。既然如此，那么可能就只有一种实质存在。而这个实质就不再仅仅是一个"实质"，而更应该说它是上帝，或者由无穷个属性组成的实质，而它必然是存在的。它的不存在性（斯宾诺莎论称）是不可构想的。

除了强弩之末的亚里士多德主义者之外，17世纪的绝大多数哲学家都认为实质是不可感知的。我们只能感知或知道它的"样式"或"偶然显现"——它显露出来或正在经历的属性或变化。例如，你无法看到或了解一个人作为实体的本人，只能看到或了解他拥有或正在经历的样式。或者不如说，你只能通过他的样式，来看见和了解这个人——他的皮肤是棕色、黑色还是白色的，他是赤裸的还是穿着衣服，他聪明或愚蠢的不同程度，他是健康的还是不健康的，他是站着还是坐着的。然而，在斯宾诺莎看来，"样式"包括其内涵的"特性"，实际上覆盖了实体、事实、时间和关系，这些都是上帝可以被看到和知道的东西。

一种实质还有"属性"，或者不如说是"一种属性"。因为这个术语通常指对于一个实质而言，比多种多样的样式更内在、更本质化的特性。但是，斯宾诺莎在何种意义上使用"属性"这一点却存在争议，不同的解读会得出有关他整体哲学的不同推论。这个问题的答案有一部分取决于他在使用拉丁语"tanquam"时，取义为"似乎"（as if）还是"即"（as）。

斯宾诺莎说："属性，是实质可为理智所感知到的东西，这些东西似乎（或'即'）构成了实质的本质。"在持有主观主义的斯宾诺莎研究者看来，"tanquam"是"似乎"的意思，斯宾诺莎是在说，属性是被理智当作一个实质的本质的东西，但它实际上仅仅看起来是这样（这多少有点类似洛克对名义本质与实在本质的区分）。

在目前正在兴起的"客观主义者"看来，"tanquam"是"即"的意思，斯宾诺莎的意思是：属性实际上就是实质的本质。因为他还说过,"清晰而分明"(或"充分")的观念与事物有真实的对应关系,由此必然推出,具有这种观念的人便可以感知到一种属性实际的样子。

然而,客观主义者的问题在于,一种(或者不妨说是那个)实质如何能够同时具有至少两种的多重本质。

上帝或自然

斯宾诺莎说"deus sive natura"(上帝或自然)时,就好像在说上帝和自然本为一物,可以互相替换。但这看起来很像是一种相互抵消,而且基本上等同于在说,上帝并不存在。斯宾诺莎所处时代以及后世的很多人都认为,他是一名无神论者。但同样值得注意的是,德国浪漫派诗人诺瓦利斯却称他为"一个痴醉于上帝的人"。他可以被看作一名泛神论者(相信上帝内在于现实的整体之中,而非超脱其外),也可以被认为是一名万有在神论者(相信上帝既包含了这个世界,同时也超脱其外——处于一个介于自然神论和泛神论之间的位置)。

关于斯宾诺莎,他的方方面面都存在争议,包括上帝在何种意义上等同于万物,或者说上帝是不是万物。他曾在一封信中写到,有人认为《神学政治论》依托的基础是上帝与自然的同一性(他们对于后者的理解是一种有质量或有形的物质),实在是大错特错。显然,他对那种标准的将上帝拟人化的观念嗤之以鼻。人们总是拿"上帝的意志"来"解释"不幸的事件,这是把它当成了"无知的避难所"。上帝不会形成意志、回应祈祷或者干预自然的法则(这是"他"或"它"存在的一部分)。

把诸如爱或愤怒等人类的特质赋予"他"（用斯宾诺莎的话说）就像指望天狼星跟"会吠的动物"相似一样愚蠢。

即便上帝或自然是一种（唯一的一种）实质，这种唯一性也留有操作的空间。斯宾诺莎借用了经院哲学家在创造自然的自然（Natura naturans）被自然创造的自然和（Natura naturata）之间做出的区分。这个区分看起来正适应犹太教和天主教在上帝和"他"的造物之间所做的区分，暗示上帝与自然的同一性是不完全的，至少就我们的经验而言是如此。

斯宾诺莎的一元论还给多样性留下空间："神性的必然性一定会衍生出无限多种形式的无限多种事物（也就是无限的理智可以容纳一切）。"上帝或实质具有无限多种有限定的样式，每一种（跟实质一样）都是自主的，而同时又像那个虫子隐喻所说的一样，都是一个单一整体的部分。有些学者宣称，斯宾诺莎的一元论是唯物主义的，跟霍布斯的一样，而另外一些学者则认为，它是唯心主义（这种观点认为现实本质上精神性的，且只能是精神

上帝和自然

创造自然的自然，或作为创世者的自然，是自在的、通过其自身被构想的。或者是表达了永恒和无限本质的那些实质属性，换句话说就是上帝，还被认为是自由的因。被自然创造的自然，或者说作为创造结果的自然，是伴随上帝神性或上帝的任何一种属性的必然性而衍生出的万物，换句话说，就是上帝属性的全部样式。

性）的一种形态。

一样，和不一样

在上帝的无限属性中，我们仅知的两种，即思想与广延。这一对二元概念听起来很有笛卡尔的意思。但是对笛卡尔而言，这两种属性之间更像是横亘了一道鸿沟，他把广延视为物质，因为指某种没有行动力的东西，必须由某种其他的力量进行移动。而在斯宾诺莎看来，既然广延（至少就其无限样式中的一种而言）是"动与静"，那么它便已经具有了活力。心灵因其为一种思考之物而形成的观念则是"概念"，而并非是笛卡尔、洛克和休谟所说的被动的印记（斯宾诺莎想要强调的是心灵的主动性）。

思想和广延的属性，不论它们是按照客观主义者的解读，还是看上去仅仅是根据主观主义者的解读来说明上帝／自然的本质，事实上这些属性都没有什么不同——只不过是从不同方面出发的构想而已。精神与物质时间的因果序列在自然中同时发生，这不是因为他们彼此相关，而是因为思想的实质与广延的实质是同一种相同的实质。任何一种限定的样式，如我、那只狗、一棵棕榈树都既是精神的，也是物质的（这些是作为一个单元，并非作为一种在笛卡尔意义上的属性结合，但是只能被理解为其中的一种或另一种——这就好比你可以看着同一张鸭兔图，要么看到它画的是一只鸭子，要么就是看到它画的是一只兔子，但是不能同时看到鸭子和兔子。

斯宾诺莎与心灵／身体同一论

要想理解这种精神／物质单元具体如何能够此一时通过一种属性，彼一时又通过另一种属性被理解，是件非常困难的事。这种同一性以及对它的双重理解指向何物？它是如何运作的？斯宾诺莎在一封试图解答这些问题的信件中，列举了两个解释同一个相同的事物能够被两个名字命名的例子。

斯宾诺莎写到：同样的一个事物可以同时用"平面"和"白面"来指称。前一个名词用一种纯粹的几何学方式进行分类，而后一个名词也在观照同一个东西，但是思考的背景是他在有人看它的时候，表现出来的样子。同理，你可以根据语境的不同，分别用"以色列"或"雅各布"来称呼第三代始祖。

在这里斯宾诺莎仿佛借用了戈特洛布·弗雷格在20世纪于"指称"（一个词指涉的东西）和"意义"（词的意义）之间划定的区分。关于我们所谓的心理状态是否以及如何在某种意义上具有物质性的辩论，正在21世纪的当下火热进行，而其中有些哲学家宣称，斯宾诺莎的"双面理论"为解决这个问题提供了框架。20世纪50年代的同一论者指出，当说到某人很愤怒的时候，虽然你的意思不是说他们正处于一种特定的大脑状态当中，但是事实上你所指的就是一种仍待明确界定的大脑状态类型，因为人们终会发现，愤怒其实就是这种大脑状态。

然而，唐纳德·戴文森在20世纪70年代说，斯宾诺莎和同一论者都面临这样一个问题：以色列和雅各布都可以分别被识别为"第三代始祖"（他们共享的角色），这是因为"他们"具有同一人格，但是"愤怒感"和"一种特定类型的大脑状态"

并没有就同一个实体提供两种视角,因为这两个词组没有共同描定一种实体或事件。没有一个范畴既包含了"愤怒感",又纳入了"大脑状态",也没有任何一个类型能同时或分别适用于这两个词组。它们显然是两种没有交集、毫无共通之处的种类,以至于彼此之间不可能发生"因果相交"。解释某人大脑状态的起因,需要辨别并追踪无数细微的神经物质不间断地构造过程。而解释一种愤怒的情绪,则需要分辨和追踪贯穿愤怒者人生与文化的意义、关联和历史的整个界域。

如果说斯宾诺莎对类型同一论者的帮助存疑,那么也许按照戴维森的说法,他预见了个例同一论,因为他在本体论意义上是一元论者(一元论者认为存在的万物都由相同的材料构成),但是在概念的意义上却是二元论者。"正如所述"(该引文是就精神或物质而言),戴维森说,一种愤怒的感觉和一种大脑状态各自分别保持着对其正当的证据来源的忠诚,所以它们不可能联合归属于一种严格的心理物理法则,或者一种类型的同一性。然而,正是由这种不可能性——前提是,它们在实践中确实有因果性的交互关系,如我的愤怒导致我殴打小偷——才能推导出,它们在某一个特定的时间势必会临时地成为实际上完全相同的一种无法归类之物。戴维森声称,他的个例同一论正是斯宾诺莎主义。

可是,戴维森的反常性一元论提出了令人信服的观点:正是一个先导的精神事件和一个接续的物质事件(或相反)二者之间的因果性——即使是无法可循的——才让交互关系彰显了精神/物质的同一性。再看斯宾诺莎的论述,这一论述则是从相

根据语境不同，第三代始祖（右）可以被称为"以色列"或"雅各布"。

在两张示意图中，虚线表示我们认为是精神或物质的因果联系。实线表示真实的因果关系。

斯宾诺莎的一元论

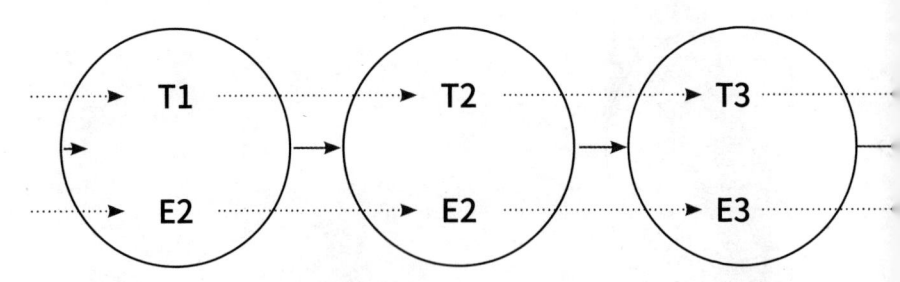

| T1 | T2 | T3 |
| E2 | E2 | E3 |

在斯宾诺莎看来，它们具体等同于什么是不清晰的，但是他跟戴维森不一样，还是坚持认为它们始终具有不可割裂的唯一性。

戴维森的反常性一元论

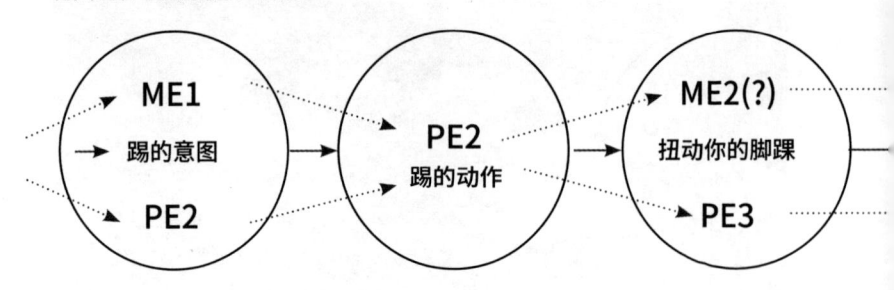

| ME1 踢的意图 | PE2 踢的动作 | ME2(?) 扭动你的脚踝 |
| PE2 | | PE3 |

```
 ┄┄→ T4    →  T5
      E4      E5
 ┄┄→      →
```

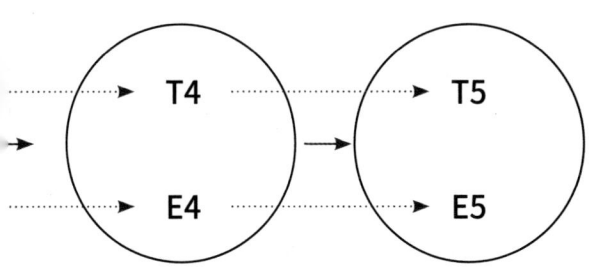

T = 思想（观念）
E = 外延（动与静）
圆圈表示精神 / 物质单元

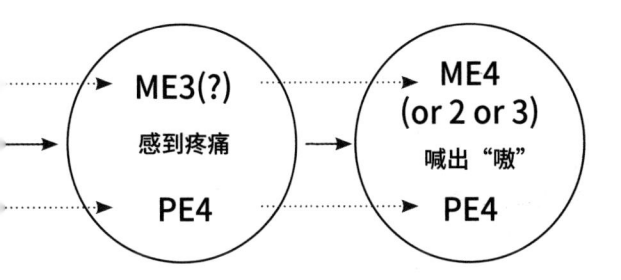

```
 ┄┄→ ME3(?)   → ME4
     感到疼痛    (or 2 or 3)
                喊出"嗷"
 ┄┄→ PE4      → PE4
```

ME = 精神事件
PE = 物质事件
圆圈表示精神 / 物质事件或纯粹的物质事件

反的一端发起。恰在他关于为心灵和身体是同一事物的广泛讨论开始之前,先有一个命题(《伦理学》第三卷,命题2)宣称,身体无法引发心灵去思考,也无法引发身体的运动和静止。戴维森的结论其实是斯宾诺莎的前提——而且乍看之下,甚至与之矛盾。但是斯宾诺莎显然只否定了身心的因果关系,其原因是心灵和身体实为一,或者说,他只否定到了这个程度。他已经(颇具神秘色彩地)说过,心灵是关于身体的观念,而他的目标跟戴维森一样,都是在公正处理的前提下,批驳笛卡尔式的二元论和精神/物质互动论的问题。他批评笛卡尔时,顺带批评了斯多葛派,反对他们把意志看作一种带有"绝对权威"的能力,还嘲笑了他认为松果体在驱动"动物灵魂"的同时,自身又被灵魂驱动的伪科学论点。

斯宾诺莎应该会认同,戴维森所认为的综合了思考与动/静的精神/物质单元,可以与其他的精神/物质单元发生因果式的交互,包括它自身的未来这一点。归根结底,斯宾诺莎的一元论还是更贴近戴维森的立场,并认定某些事件会展现出纯粹的物质性。

举例而言,这仿佛在说,人们建造了一座寺庙,却没有"被心灵决定(引发)"。斯宾诺莎也承认,这听起来很奇怪。但是他又说,我们还不知道身体在不被心灵决定的情况下,能做到的全部事情。这听上去可能在不经意间流露出一种二元论的色彩,但是在《伦理学》第三卷的同一则注释中,斯宾诺莎就指出,经验展现了心灵与身体是如何于无形中结合在一起的。如果身体迟滞懒散,那么心灵也不能恰切地思考;发烧的人和话痨

无窗的单子

戈特弗里德·莱布尼茨（下图）有一种聪明的方法，可以绕过精神/物质因果交互的问题。他说，就算你能在某人的大脑里看到"形状和动态"，你也不会对被观察的东西和观察的方式产生更多的理解。那么，就必须由具有终极自存性的实质来进行观察，它们自我激活，并不占空间。每一种物理事物实际上都是这些无延展性的点（"单子"）的一个集合，它们结合成一体，并由一个主导的单子驱动。

这"可以被称为灵魂"。"就像一个分离的世界，与除了上帝之外的其他任何事物都独立开来"，它是"没有窗的"——对其自身之外的任何东西都没有因果性的影响，也不受到它们的任何影响。上帝事先安排好的因果性令其拥有了自身内在的先天决定的本性，而在它之上发生的每一件事都只能是这种本性的结果。然而，因为它"表达"并映照这个世界——也许从它自身的角度来看，这是充满困惑的——所以它自身包含的生命历史会在同其他每一个单子的"先建和谐"中逐见真颜。

都不能控制他们的唠叨；要做出一次心灵上的决定需要记忆辅助，而记忆不在意识的控制范畴之中。那些相信他们说话、沉默或者做任何事都出自他们自由的心灵决定的人，是在睁着眼睛做梦。尽管我们相信自己是自由的，但我们也只是知道自己相信而已，并不知道我们为何相信的原因。可是，经验应该会告诉我们，心灵上的决定跟欲望本身其实是同一回事儿，而且这一决定会根据身体的变化而变化。心灵意志并不引发身体动作，而是其中一部分。想要移动的愿望本身就编织在运动之中。

决定论

斯宾诺莎通常被认为是一名决定论者（相信每一件事物都服从因果律，包括人类的心灵）。

他在第三卷《论情感的起源及本性》(*The Origin and Nature of the Affects*)的开篇宣称，他在处理人类的行为和欲望时，也将同处理其他任何有限的样式一样，诉诸几何学的方法，并将"以考量线、面、体完全一样的方式"考量诸如憎恨、愤怒和嫉妒等人类的情感。他不会像其他哲学家一样，把自然中的人类作为一个拥有对自由意志自行主权的国家中的国王来看待，或者把人类看作某种扰乱不顺从自然秩序的东西，而是单纯地把它当作整体中相互依存的部分之一。因为不管怎么说，都应该有一种理解所有事物本性的相同方法，即通过自然的普遍规律和法则。

这听起来仿佛在说，不论是作为一种观念的聚集物，还是一种运动与静止的形式,人类都不是一个施动者,而是一条因与果的通路。人类跟其他一切有限的样式一样,不论是石头、星星、芦苇还是鱼,都别无二致。

斯宾诺莎有一个著名的论调,就是把石头摆在了与人类同等的层面上。一块石头从一种外因性的冲力中,受到了一次固定的运动量,在这种外因性的冲力停止后,石头必然会继续保持运动。但如果这块石头在运动的过程中,可以思考,它就会"知道"自己在尽全力保持运动状态,还会认为自己是完全自由的。这块石头继续保持运动不是为了其他什么原因,而是因为它希望这么做。我们关于自己拥有自由意志的认识,完全是一种幻觉。就像那块石头一样,我们认为自己在自由行动,是因为我们不知道是什么引发了我们的欲望。但是,绝对的或自由的意志是不存在的。心灵是由这种或那种意志决定的,引发这些意志的因又由另一种因所决定,而这个因又由另一种因决定,如此往复,永无尽头。

斯宾诺莎把一块石头同人类摆上了同等的层面——像石头一样,我们也不知道是什么引发了我们的欲望,而且我们的行动也是被决定的。

但是从某种意义上来说,这块石头也不是完全陷入了幻觉。每一种有限的样式,人类或者非人类,都拥有一种天性(conatus),即努力维护自己的存有。但心灵上的决定是一方面,欲望和身体的物理状态又是另一方面,两者在自然中是共时发生的,抑或说它们本是同一种东西,只是当我们在思想属性之下考虑时,我们会称其为决定。而当我们在广延的属性之下,考虑并从运动与静止的法则中推导的时候,我们就会把它叫作一个物理因。

人们有时会拿斯宾诺莎的天性与叔本华的意志(Will)进行比较,后者是一种盲目的奋斗力量,它穿破了全部的现实。还有人会拿它与弗洛伊德充满热情的"力比多[1]"进行比较。但是与这两位后世哲学家看似有可比性的对应概念相比,斯宾诺莎的天性具有更高的区分性,而且对其持有者而言也具有更强的特异性。每种有限样式的天性,都是使这种样式为其所是之物,因为它的天性正是这件事物本身的本质,是它自身独一无二的自我保存的驱使力。

非人类的欲望和驱使力是被有意识地识别出来的,但是它们其实带来不了多大的差异。相比于渴望、寻求和奋力争取那些我们提前判定为好的东西而言,我们反而更倾向于将判定被迫奋力争取、寻求和渴望的东西为好的。

善与恶

决定论者写伦理学,这看起来是一件颇古怪的事,因为伦

---

[1] 是弗洛伊德"性欲论"的重要内容之一。——编者注

> **泛灵论者斯宾诺莎**
>
> 因为斯宾诺莎认为万物都有心灵和物理的属性（因为二者最终是同一物，只是从不同的方面看到的不同），所以他常常被认为是一名泛灵论者。这类人认为，一切事物，本质上以某种方式、某种程度，都是有意识的）。

理学的概念本身就不可避免地预设了意志的自由。但是斯宾诺莎还是同往常一样，延展了自己讨论的范围，乃至常常显得反复无常。

他在第四卷《论人类的奴役》（*Of Human Bondage*）的开篇说，人类因为说服自己相信万事万物的存在都是为了自己，因此不得不采用善与恶的说法来解释自然。即便这些说法完全没有传达出关于被如此描述之物特性的任何确定性的信息。因为相同的事物有可能在同一时刻既是善的，又是恶的，或者无关善恶。例如，音乐对于某个忧伤的人来说可能是好的，对于哀悼者而言是坏的，而对于聋子而言则无所谓好坏。这似乎与斯宾诺莎无所不包的同一性概念相合一致。因为，如果上帝或自然即是万物，那么怎么可能有任何东西被区分成好的或者坏的呢？这听起来也很像斯多葛派的观点，用哈姆雷特的话说，他们认为"万事无好坏，思想使其然"——事物和事件的有益或有害是可变的、具有相对性的，而不是内在的、客观的。因此，益和害仅仅是以我们自己对它们的主观反应构成的，是我们可

斯宾诺莎在提出基于个人利益行动，会为作为一个整体的人类创造优势的时候，预言了"市场的看不见的手"这一观念。

以控制的。

然而，几乎在他指出"善"和"恶"只是局部的和相对性的概念之后，斯宾诺莎立刻声明，"好"和"坏"的说法在实践中对于我们而言是必不可少的。他继而把"好"定义为我们必然知道对我们有用，和我们必然知道，是我们接近在之前设定的人类本性模型工具的一切。后一种定义可能指向某一类伦理的客观性和标准化，但是这种"模型"如何形成并获得公认，依然不甚清晰。斯宾诺莎的伦理学有时带有主观主义（把道德法则视为仅仅是一种与个人品味相关的事务）和自我中心主义的标记。

不论如何，斯宾诺莎的意思可能是，好（有用性）虽然不是不可变的和同质性的，但是也不是随意性的。事实上，关于好的精确定义，在每个情境下，对于每个人而言，其作为整体的一部分，是存在客观真理和潜在的特定知识的。他还说，当人们依据理性生活时，他们必然会做出那些对于人类本性而言好的事情，结果就是对每一个单一的人都好。因此，当每个人都全心致力于寻求他自己的利益时，也就是人类对彼此都最有益的时候。他似乎已经预测了亚当·斯密关于那只看不见的手的观点，那只手把个人利益拨入了全体的利益当中。

斯宾诺莎还有另外一个明显的自相矛盾之处，就是虽然他使用了斯多葛派的观点，认为我们对于"好"或"坏"的应用是非统一性的和主观的，因此在某种意义上是不真实的，但是他又批评了斯多葛派认为情感完全依赖于我们意志的主张。当然，他拒绝承认意志是一种存在且自由存在的能力，但是他却把一

同弗洛伊德一样，斯宾诺莎也相信我们可以通过意识到无意识的欲望来净化它们。

种情感定义为一种不充分的或者不清楚的观念（某种可被纠正的误解），看起来很像斯多葛派的定义。而且，纠正难道不需要意志吗？

也许，能够把斯宾诺莎与强调意志力量的斯多葛派区分开来的，正是他自己对于自身知识的强调。按照斯宾诺莎的说法：但凡一个人拥有关于驱使他们的东西的"充分观念"（完整而且真实的观念），也因此有了关于他们的情感为何物的观念，那么他们就能够消解那些情感，并甩落他们的部分镣铐。一旦我们形成一种清晰而分明的观念，一种难以抑制的情感（我不自觉间经历的一种"激情"或者状态）就不再是一种激情了。

有人认为，斯宾诺莎预见了弗洛伊德的万灵药方，即通过把无意识的动机和欲望提到意识中来，我们就能净化这些动机和欲望。但是跟弗洛伊德不同的是，斯宾诺莎相信，就原则而言，我们可以依据理性的指导生活，而这么做的人会绝对依照他自己本性的法则来行动。关于你自己和你个性的更强大的知识，会带来更强大的行动力量。同时，斯宾诺莎把力量等同于美德，而美德则等同于在你最高的天赋下生活。他说："无力感来自外部事物的影响，而非来自理性或者自身内在本性的要求。"

然而，只有智慧的人才能获得充分的观念，因为拥有这些观念而得到的自我掌握也是有限度的。斯宾诺莎在这一点更接近弗洛伊德，而不是斯多葛派。他说："一个人必然总是会受到被动性情感的影响，而且……顺从自然的普遍秩序，服从它，改变自己以顺应它，只要事物本性的要求如此。"

斯宾诺莎比弗洛伊德或斯多葛派更加敏锐，他描述并解释了构成情感的心灵／身体纠葛以及它如何创造出一种有用／有害的反馈机制。虽然作为一种"被动经验"的情感是一个说不清楚的观念，但是它也是一个强力有效的观念。通过这一观念，心灵断定了它的身体或身体的任何一部分，比之前有更强或更弱的力量。结果就是，心灵在受到的影响下，倾向于拥有某一种特定的想法，而非另一种想法。事实上，观念／情感就是一种自我实现的预言，它不仅会改变情感发出者的身体状态，还会改变他们的思想和他们的整个世界，加强或削弱他们的活力和生命感。

在斯宾诺莎看来，愉快是一种全身状态，这种状态会加强整个身体的行动力量,因此它是善的;悲伤会削弱或限制这种力量,因此是恶的。同休谟一样,他也认为没有什么比阴郁而悲伤的迷信更能妨害快乐。最高的善是对于上帝的理智的爱,这种善只有清晰而分明地理解自己及自己情感的人才能获得。这是种极难获得的对于上帝的理智的爱。尽管这种理智的爱戏拟了孩子气的拟人观,并把意志或情感加诸上帝,但是它最终竟是上帝爱自己的那种爱。

斯宾诺莎说:"在永恒的范畴下感知事物,在理性的本性之内。"笛卡尔的《第一哲学沉思集》可以说是从仰视独立思想者开始的,而斯宾诺莎的《伦理学》则与之不同,其原本就是上帝,一开始就谈了实质。最后,尽管受到因果律和实践的影响,但是人类的心灵似乎具有在永恒的范畴下(sub specie aeternitatis)认识自己、身体和上帝的潜在能力。甚至(斯宾诺莎暗示出)还有获得不朽的能力。

但是他还说,当身体停止存在时,记忆和想象也将不在,所以即便"人类的心灵留下某些永恒的东西",那这种不朽也一定是相当无意义的。没有救赎,亦没有个人与神性的关系。在其多重面中的这一面,斯宾诺莎可被视为上帝之死讯的信使。

◎ **要点总结：**

- 斯宾诺莎的《伦理学》从几何证明着手，从实质、样式和属性的定义出发。
- 如果一个实质是"在自身之内"的东西，那么它就不能被另一种实质所引发或限制。唯一的那个自我引发的无限的实质（上帝或自然）既是作为因的自然（Natura naturans），又是作为果的自然（Natura naturata）。
- 上帝或自然的改造品（样式）是一切我们通常叫作事物、事实、时间和关系的东西。
- 上帝的两种属性：思想和广延，是以不同的方式构想出来的，但是实际上却是相同的一物，而且都是同一条因果链的一部分。
- 每一种生物和每一种物[1]的本质都是一种个性，即一种维持其自身存在的努力。这种个性既是心灵的，又是身体的，都是意志和身体的因。
- 斯宾诺莎的双面理论被（有争议地）称为戴维森的个例同一性理论的先声。
- 对于人类而言，善和恶并不真实存在，因为万物都是上帝的一部分。"善"指的是有优势的东西，支持人类本性经过肯定的模型。
- 虽然斯宾诺莎很可能是一个决定论者，他还认为，如果我们得到了关于引发情感之物和情感为何物的知识，我们可以通过某种方式逃离我们的情感。
- 在永恒的范畴之下得到关于我们自身的知识，就是拥有了"对上帝的理智的爱"。

---

1 原文为 every thing。——译者注

第 5 课

物质世界并不存在
乔治·贝克莱

乔治·贝克莱以他的唯心论（在哲学上的意义唯心论是：认为现实的根本是心灵，而非物质的信念）和非物质论（非物质论可能是由唯心论引出的一种信念，它认为物质的事物是不存在的）而著称。乔治·贝克莱曾是爱尔兰教会的一名主教，还写过关于宗教、神学、视觉心理学、数学、经济学、物理学和医药学相关的论述。人们有时会把他排除在启蒙

乔治·贝克莱曾是爱尔兰教会的主教，以他的唯心论著称于世。

运动的述说。之外，因为他感觉由笛卡尔和洛克掀起的这股潮流，通向的是怀疑论和无神论，于是才竭力阻止，而这便可以被看作是一种倒退。

同所有伟大的哲学家一样，乔治·贝克莱之所以重要，并不是因为我们认为他的观点是正确的（实际上没有人这么认为），而是因为他提出的那些令我们感到疑惑的问题。他让我们注意到，这个世界如何在某种意义上依赖于心灵而存在，以及如威廉·詹姆斯在20世纪初要说到的：''人类'蛇行'[1]的踪迹是如何覆盖了万物。''

生平

乔治·贝克莱于1685年出生在基尔肯尼的一个盎格鲁爱尔兰家庭。他在都柏林圣三一大学完成学业后，留校担任辅导员和希腊语讲师，任职期间还完成了一篇数学论文。1709年，他被爱尔兰教会授予了圣职，最伟大的哲学工作都是在他二十八岁前完成的。《视觉新论》（1709年出版）讨论了距离的感知和视觉与触觉相关的问题，该书引发了很大的争议。《人类知识原理》（1710年出版）一书为他赢了世人的尊敬、嘲讽了一名医生对疯病的诊断书。为了《海拉斯和斐洛诺斯的对话三篇》（1713年出版）的出版，贝克莱在1713年造访伦敦，认识了一批声名显赫的文友，其中包括诗人亚历山大·蒲柏、约瑟夫·艾迪生，

---

[1] 原文将人比作蛇。此处指人类的踪迹。——译者注

贝克莱在自己的写作中记录了他游历欧洲的经历,包括对维苏威火山爆发的描述。

作家理查德·斯梯尔,以及讽刺小说家乔纳森·斯威夫特。据说,斯威夫特曾把贝克莱关在门外,坚称按照贝克莱自己的哲学,他必然能够轻松地穿过一扇关闭的门,而且穿门的过程与走过一扇开着的门没什么不同。

1716年到1721年间,贝克莱以特遣教士或大学导师的身份游历了欧洲,留下了丰富的旅行笔记,其中包括对维苏威火山爆发的描述。他在1721年到1724年间担任德罗莫尔的主任牧师,然后转任德里的牧师。但是,他憎恶"旧世界"的腐朽,因此对还未遭腐化的"新世界"抱有希望,所以他决定在百慕大创办一所大学,并希望在这所大学里的那些"野蛮的美国人"可以皈依基督教。那些同他们一起接受教育的英国移民者,则能够得到改良革新。在拿到由乔治一世颁发的办学许可之后,贝克莱同他的新婚妻子安妮,在1728年迁往美国,于罗得岛上购买了一处农庄,并在那里生活了三年。只是本来谈好的赞助资金始终没有到位。

返回伦敦后,贝克莱致力于救助无家可归的儿童。从1734年到1752年,他在担任克洛因的主教时,设法搭建与爱尔兰天主教之间的联系。他撰写了关于爱尔兰穷人悲惨困境的论辩文章,并在实践中着手解决这一问题。贝卡莱热衷于把焦油水[1]分发给本地居民——那是一种恶心的松焦油混合物,他认为是治疗百病的药方,并且在《西利斯》(1744年出版)中对其进行了哲学探讨。贝克莱从主教职位上退休后,他和他的妻女一起搬到了他的儿子所在的牛津居住(他的儿子正在那里读书)。一年后,他便去世了。

哲学目标

17世纪的科学,经过笛卡尔和洛克之手,引生出"间接实在论"的哲学理论:我们直接感知到的是"观念"(感官印象),其中很多(关于第二性的质的观念)与世界本来的面目并不相似。贝克莱担心这种理论最终将通向怀疑论。他还预判到,尽管笛卡尔本人信仰上帝并对神职人员做出了信仰的保证,但是这种"机械哲学"衍生的结果,便是上帝被降级为仅仅是宇宙的开创者(自然神论),最终则会成为冗余之物(无神论)。

贝克莱试图通过消除表现与实在之间的区别(这是怀疑论

---

[1] 一种从树皮中榨取出的树脂。——编者注

得以浮现的最初源头）来彻底浇灭怀疑论。他发出了一记强力的双拳重击，构想出一个去物质化的世界，并设定这个世界的存在与感知都依赖于上帝。尽管他在当时被世人看作疯子，可他还是固执地认为，自己运用的都是普遍常识。他还竭力主张道：其他哲学家都是精英主义者，而他自己则在服务普通群众。他的目标是构造一种"与常识相符且远离怀疑论"的理论，可是他也承认，"与有学识者同思考，并与庸常大众交谈"是有必要的。

贝克莱的论说不是体系化的，学者们关于他的所言或所称的准确含义一直争论不休，关于他的某些言论（不论如何阐释）是否真的如其表面听起来那样荒诞不经，也莫衷一是。下文尝试为他的论点绘制一张发展路线图。

起点

1. 贝克莱同笛卡尔和洛克一样，也相信直接感知到的事物是观念，其只存在于心灵之中，而我们所有的知识都源发于我们的观念。跟洛克一样（但与笛卡尔不同），他不相信天赋的观念，因而也往往被归类为一名经验论者。

2. 贝克莱还有一点跟洛克相同的是，他也相信我们观察某些特定种类的观念时，这些观念常常彼此相伴，所以我们会给这些群组起一个名字，因而它才普遍被认为是一种事物。由此，观念的集合构成了一块石头、一棵树、一本书以及类似的可被感知的事物。

但是贝克莱指责洛克的抽象观念理论，让我们在思想中把事实上不可分割的事物分割看待了——区分了第一性的质和第二性的质,还把可感知的事物与它们的被感知分开来看。他说,洛克的理论是错谬的。既然每个词都不得不对应一种特定的观念,那么,举例而言,怎么可能从全部人类的特定性中,推出一个关于人类的抽象观念呢?我们会把一个人想成是白人、黑人还是黄种人,高个子、矮个子还是中等身材呢?然而,他又说:我们确实会持有一些普遍的一般观念,而这源自我们使用词语的方式。

否认物质世界

1. 贝克莱对第一性的质和第二性的质的反对

贝克莱不赞同笛卡尔和洛克对于第一性的质和第二性的质的区分。相反,他称所谓第一性的质,在对于我们的依赖性和同我们的相关性上,跟第二性的质没有差别,因此两者在心灵中是平等的:

(1)所谓的第一性的质和第二性的质不可分割地结合在一起,不能从任何一方抽离出来。怎么可能有什么东西是具有长度而没有颜色的呢?怎么可能有固态的东西是没有触感的呢?如此等等。

(2)尺寸、体积和形状,运动或静止,这些都假定是独立于观察者而存在的状态,但事实上却是与观察者相关的,并且受到观察位置和视角以及测量标准的制约。贝克莱说:某种人类觉得微小的东西,一只螨虫就觉得很庞大。洛克则回应说:尽管如此,螨虫和人类还是可以统一认定一种共用的测量单位——可能是螨米。这样一来，尺寸这种第一性的质便保持了数学上的客观性。

（3）数字是相对的，因为我们区分事物的方式依赖于我们把它们置入的范畴。例如，同一种东西可以被看作一本书、几页纸和/或多行打印文字。

2. 贝克莱推翻物理实质

笛卡尔宣称（洛克可能也曾模棱两可地说过）：实质是构成第一性的质和第二性的质的基础（一般来说是物质，和/或特定的质的一种特定的"支撑"）。为此贝克莱发出了质问：

（1）物质既然是无活动力的，那又怎么能引发我们产生观念呢？笛卡尔的二元论引出了物质材料与心灵材料交互的问题，而他从未令人满意地解释清楚这一点。贝克莱对追随笛卡尔的教士马勒伯朗士有深刻的印象。对此马勒伯朗士的答案是：物质虽然没有活动力，但是每当我们想要移动自己的身体时，实际上都是上帝在引发运动。与马勒伯朗士一样，贝克莱也相信，这种动因里包含着意志的活动。

（2）我们怎么能够知道我们无法知道的东西呢？笛卡尔和洛克等人凭什么有权假定在我们的观念之外，存在任何物质性的东西呢？既然我们只有关于我们感觉的知识，那么不管在我们的观念之外是否存在任何东西，我们的感知都会一样。贝克莱使用来自错觉的证据——并不是要像间接实在论者那样，证明我们拥有观念（感官事实），而是为了证明，不可能存在引发我们的观念的物质性的事物或特性。

贝克莱受到了教士哲学家尼古拉斯·马勒伯朗士的启发。

贝克莱在《人类知识原理》中写道:"尽管有可能在心灵之外(外部)存在实在的、有形的、可移动的实质,对应着我们关于身体的观念,但是我们怎么可能知道这一点呢?要么是通过感官感觉,要么是通过理性推理。就感官感觉而言,我们只能通过它们获得关于我们的感觉、观念或者哪些由感官感知到的事物,你想管它们叫什么都行。但是除了那些被感知之物之外,它们不会告知我们,心灵之外还有东西存在,或者未被感知。这一点,唯物主义者们自己也是承认的。因此,余下的问题便是:如果我们拥有任何关于外部事物的知识,那么它就一定是通过理性推理得来的,即从感官直接感知到的东西中,推理出它们的存在。但是我想不出有什么理由可以基于我们感知到的东西,说服我们相信心灵之外身体的存在。因为物质的支持者们本人也不会假装以为,物质与我们的观念之间,存在任何必要的联结。其实我要说的是:没有人会不认同(而且在梦境、疯癫以及类似情况中发生的事更令其无可置疑),有可能身体在观念之外并不存在,但我们还是会被自己所有的,类似身体的观念所影响。因为外部身体的假定对于产生我们的观念而言并不是一个必要条件。"

3. 贝克莱将特质消解为观念

（1）有一种说法称，我们的观念类似于我们的外在特质；另一种说法称，观念是我们唯一能感知到的东西。笛卡尔和洛克怎样才能调和这两种说法呢？"我们怎样才能知道，被感知到的东西，同那些没有被感知到的，或者说存在于心灵之外（外部）的东西相符呢？"贝克莱如此问道。两种事物，如果不被进行比较，就没法说它们是相似还是不相似。他说，除了其他同样依赖于心灵的实体外，想不出还有任何东西能令观念与其相似。

（2）从另一方面说，我们怎么可能拥有不像所谓引发它们之物（光波、振动、化学反应）的观念呢？在《对话》(*Dialogues*) 一书里，海拉斯（一位物质物理世界的信奉者）举出了洛克关于声音的论述（是科学的，但也是二元论的）：当空气中的一次扰动击打到耳膜上时，会引发一次振动，这种振动经由听觉神经传送至大脑，因而灵魂受到了名为声音的感觉的影响。贝克莱请斐洛诺斯（心灵钟爱者）区分："被我们感知到的声音和自身存在的声音……那些偶发事件或样式只属于可感知的声音，或者作为这个词在普遍接受意义上的声音，而不属于在实在和哲学意义上的声音。后者即如我刚刚告诉你的那样，这个声音只不过是空中一种特定的扰动。难道这不是显而易见的道理吗？"

斐洛诺斯回答说："看起来似乎存在两种声音，一种是世俗的声音，或者被听到的声音；另一种是哲学意义上的、实在的声音，那么按照你的说法就可以推出，实在的声音或许是有可能被看到或感受到的，但绝不会被听到。但是，实在的声音绝不会被听到，而关于它们的观念只能通过其他感官来获得的这种说法，除了说它是一个哲学悖论以外，你认为还能是什么？看起来（按照海拉斯的说法）有两种声音：一种是世俗的声音，或者被听到的声音；另一种是哲学意义上的声音。但是可被感知之物如何能够与不可被感知的东西相似呢？一个本身不可见的实在物能够跟一种颜色相似吗？或者一个不可闻的实在物听起来能够像某种声音吗？一言以蔽之，怎么可能有任何东西，既与一种感觉或观念类似，又是另一种感觉或观念呢？"

贝克莱说，谈论一个听不见的声音或者闻不到的气味是没有意义的，因为这可不是在说明摆着的道理。海拉斯指出，振动、耳膜、听觉神经等等对于听见一个声音而言是必不可少的，而且极少会有哲学家对此表示反对。但尽管贝克莱和斐洛诺斯确实不赞同这一观点，他还是持正地提醒我们："说有一种气味，被闻到了；说有一个声音，被听到了——一种颜色或者形状，是被看见的或摸到的。这就是我通过以上以及类似表达所能理解的一切。"当某人说他们听到了一个声音：一次爆炸、一首曲子、嘎吱一声，或者闻到了一种气味——一朵玫瑰、腐烂味，那么他们所说的是这种声音或气味究竟像什么（有时候这指那种声音或气味关于发出声音或气味之物所暗指的东西）。当他们说起别人也闻到或听到某种东西的时候，他们都同样地唤起了一种气味或一种声音的实质或意义所在。而他们没有做到的事，是说起或想到听见声音的物理成分/事件（他们甚至完全忽略了其中所包含的科学）。

物理主义者会赞同贝克莱/斐洛诺斯的说法，认为声音的生物学解释跟"声音"并不是一回事儿。但是他们有时似乎也认同海拉斯的说法，认为发生的物理事件就是声音，是声音本身那一事实，而不是它的起因或相关物。托马斯·内格尔和大卫·查尔默斯等哲学家强调的是有待填补的"解释空隙"——物理事物与事件和某人听见一种声音之间的交叉点——而后者与前者并不是完全相同的（当然，与其说贝克莱是一名二元论者，不如说他是一名唯心论者，或者说他想成为一名唯心论者，所以他的论证是从另一个方向展开的）。

4. 观念或观念集合只存在于我们观察它们之际

在《原理》(Principles)的第22—23部分和《对话》中，贝克莱使用了一个令他非常满意的论证——主论证。下面是其中的一部分：

"我很乐意把一切都置于这个命题之上。如果你认为一种延展的可移动的实质，或者一般来说，任何一种观念或者像一种观念的东西，除了存在于一个感知到它的心灵当中以外，还有可能存在，那么我愿意随时放弃这个想法……但是，你要说了，想象无人看到公园里的树木或者书橱里放置的书本，是再简单不过的事了。可我的回答是，也许你能做到这样，这件事对你而言没有任何难度。但是我要诚恳地追问你，这一切到底是什么？这不只是在你心灵中构建出某些特定的、被你称作书本或树木的观念，同时又故意不去构建关于可以感知到它们的任何一个人的观念吗？你自己难道不是一直都在感知或想到它们吗？因此，这一点毫无意义。它只展示出，你有在你的心灵中想象或形成观念的能力，但是它无法表明你能够设想出所想对象可能存在于心灵之外。要想说明这一点，就必须把它们设想成不被设想或不被思考的存在，这显然是自相矛盾的。当我们尽最大努力去设想外部身体的存在性时，我们一直都只是在考量我们自己的观念。但是心灵没有注意到自身，误以为它能够且正在设想没有被思考，或居于心灵之外的身体。但与此同时，它们正在被心灵领会，或它们存在于心灵之内。"

关于这段话，贝克莱是在说：如果我们想要思考某种不被思考的东西，我们就不得不去思考它吗？如果果真如此，那这就是一个非常无效的，实际上是虚假的论点。关于他这番论证的真实含义及其有效性，学者们不乏争论。

5. 进行感知的、表达意志的心灵以及它们的感知即是所有的存在之物

关于不思考之物不依赖于它们的被观察而具有绝对存在性的说法这一点，看起来完全是不可理喻的。他们的"esse"是"percipi"（它们的存在是被感知到的），也不可能具有任何脱离于心灵或者感知它们的思考之物的存在性。贝克莱在他的笔记本上用拉丁文写道：存在就是被感知，或进行感知，或表达意志，也就是行动。他似乎在说，我们感知或想象的东西于感知或想象的状态/行动是不可区分的。这帮助他瓦解了物理的世界，通过抹平实在与表象之间的裂缝，移除了怀疑论。这不只是说，我们感知到的东西是伴随我们对它们的感知而存在的。而是在说，感知本身就是事物。

如此一来，我们就剩下了一个只由观念，和感知这些观念

的心灵所构成的宇宙。或者说，假如贝克莱没有请来上帝，那么我们就将面临这样的境遇。

6. 上帝

就目前情况而言，贝克莱的论证会得出这样的结论：如果一棵树坠入一片森林，且附近没有能听见声音的动物，那么这次坠落就不会发出声音——只不过他似乎还曾说过，其实树木或者任何其他物理客体都是不存在的。如果我们的观念不是由"外部的身体"产生的，那么似乎在贝克莱看来，唯有观念存在，只给我们留下了观念（或者如其将在20世纪被称作的那样，是感官事实）——这是现象主义的立场。

不论如何，贝克莱跟笛卡尔一样，也会说："尽管我可以用自己的意志召唤出想象的观念或记忆，但不论我对我自己的思想有多大的控制力，我都会发现那些由感官感知到的观念，并不依赖于我的意志。""可感知的观念"常常是不自主的，被引发出的。那么由什么引发呢？根据贝克莱的说法，只有心灵才有引发的力量。

同笛卡尔和洛克一样，贝克莱使用了感知被动性的论证。然而这不是为了证明外部世界的存在，而是为了证明上帝的存在："由此我得出结论，不是说观念没有真实存在性，而是说看到观念并不依赖于我的思想，并且在我的感知之外，观念还有另外的存在性，这样势必还有其他的心灵供它们存在于其中。因此可以确定的是，既然可感知的世界真实存在，那么必然有一种无限的、无所不在的精神，包含并支持观念。"

7. 心灵

自《原理》一书开篇起，贝克莱就在谈论作为知识对象的观念，也在谈"知道并感知它们的某种东西"。他写道："我将这种有感知的、主动性的存在，称之为心灵、精神、灵魂或我自己。"他不得不承认，既然观念只在心灵内部发生，那么在严格的意义上，就不能说个体拥有关于"他们自己"的心灵的观念，更别提其他人的心灵了。事实上，据他的《哲学笔记》（*Notebooks*）判断：关于自我这一点，他在某一点上与休谟持相似的观点，即自我只能是个体当下正在持有的观念的集合。

可是，贝克莱否认物理实质，主张精神实质的存在。他把特质消解为观念，却又牢牢抓住亚里士多德主义的经院哲学概念不放，认为特质必然"内在"于一种实体（这是笛卡尔援引过的一

塞缪尔·约翰逊博士对贝克莱的评论

约翰逊博士是18世纪一位以坚信常识而著称的人，他深为贝克莱的学说所烦恼。约翰逊博士的一个著名事迹，就是一边踢开一块大石头一边说："这就是我反驳（贝克莱）的方式。"但即便如此他也没有反驳贝克莱的学说，而只是拒绝接受它。因为相比于其他感官，我们总是更偏爱于视觉，所以我们（以及约翰逊）都假定，这块石头就像麦克白的匕首：只能通过视觉被感知，不可触碰。但是，贝克莱宇宙里的一块石头与洛克宇宙里的石头是难分彼此的。它不只看起来是灰色绿色相间、盖满苔藓、形状不规则的，脸摸起来都是固态的。

个概念，洛克也曾引用过。虽然这是模棱两可的援引）。然而在贝克莱看来，由观念/特质内在于其中的实质就是心灵。他说，既然如此，那么哪怕不是每个观念，也可以说每个人都拥有一个关于他们自己心灵以及他人心灵的"理念"，尽管他只在《原理》和《对话》的1734年版本中加入过"理念"这一概念。

如此一来便可想见，每个人都是一个精神实质，并以某种方式与一簇观念（他们的身体）相联结，并被封闭其中。他们可以感知到他们自己的身体，而其他人也能感知到它，并且拥有关于他们心灵的一种"理念"。不论从哪一方面来看，这都等同于包含了与笛卡尔所持为同一种的，受身体所限的二元论，以及一种由身体和行为推至心灵的推论过程，而这种推论得自物理的世界。心灵不占据空间，不管笛卡尔或贝克莱对此怎么说，我的心灵与你或他的心灵区分开来的唯一方式就是，不同的心灵确实是以某种方式封闭在一具躯体"之内"。而这也同时保证了其思想的私有性与优先触达性。当然，由身体构成的观念、由身体封闭起来的观念和心灵所拥有的观念，不论是物质的还是非物质的，都需要存在于一个共享的公共空间内。

因此，贝克莱认为，世界上的万物都是精神的——上帝、人类的心灵、观念（的集合），即通过被感知而构成之物的存在性。其中心灵是主动的，观念是被动的。上帝，一个无限的心灵，直接（不需要任何物质实质作为媒介）引发我们有限的人类心灵，去感知到我们拥有的所有"可被感知的观念"。他在我们没有感知到观念时维持着观念的存在。贝克莱坚称：我们感知到的万物都是观念，但这并不是要减损事物的存在性或实在

贝克莱的唯心论

精神的（物理世界不存在）

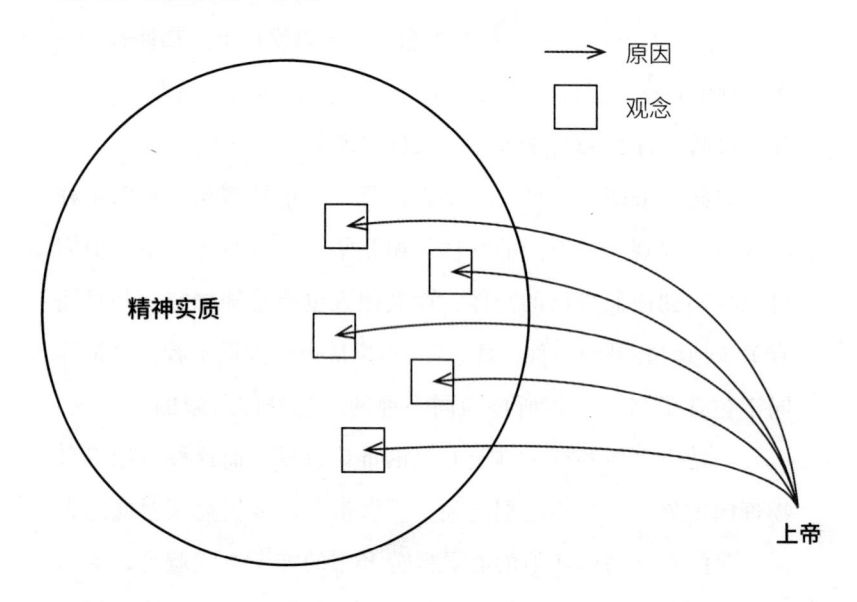

→ 原因
□ 观念

精神实质

上帝

性。既然我们的一切经验在任何情况下都是观念，那么我们的经验就没有减损一丝一毫。

8. 贝克莱的科学

贝克莱承认自己有一个问题，考虑到他曾断言：观念自身没有任何能力或作用，而上帝是因果力的唯一来源。实际上这些全都像因与果的关系一样的所有秩序和联系，以及植物的奇妙组织形式和动物躯体令人赞叹的构造机制，都是多余的、具有误导性。上帝为什么要采用迂回的方法，通过工具和机械来影响事物呢？没有人会否认，这些工具和机械也都是单纯由他

贝克莱的更偏实在论的立场

精神的（物理世界不存在）

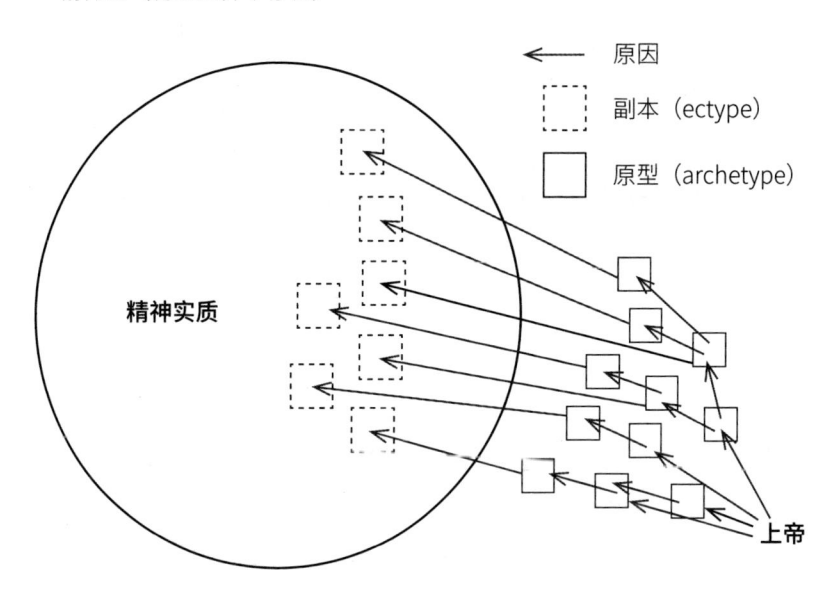

← 原因
▭ 副本（ectype）
□ 原型（archetype）

精神实质

上帝

的意志所创造的。

关于此问题，贝克莱的答案是，那些看起来是因果关系的

> 我们被束缚于肉体中，也就是说，我们的知觉与肉体的动作相联。依据我们的自然法则，在我们可被感知的肉体的神经部分，发生的每一次变化都会给我们带来影响。我们可以认为，这具可被感知的身体只不过是这一特质或观念的表象，它的存在即是被心灵感知，二者之间没有任何区别。
> ——《对话》第三章

东西,其实是上帝的语言中用以表意的符号。这些符号告诫我们,使我们得以逃过对我们的身体有害或有破坏性的东西,并获得一种预见力,从而令我们能够为了维护生命的利益,而调控自己的行动。我们凭借经验认识到,特定的观念总与其他特定的观念相伴而来,而这些规律就被称为"自然法则"。正因得益于经验所授的一种联系,我们才会在春季播种,秋季收割。与此类似,距离与空间(外在性)也不是先天存在,等着被感知的。相反,它们是被特定的可见观念和处理视觉的感觉所提出的,表示触碰的观念将作为某某行动的结果,将以某某时间的距离印刻在我们的心灵之中。贝克莱确实认为,科学以及可以用科学解释的东西是有用的。只要我们时刻牢记科学家思索的是符号,而不是原因即可。

约翰逊博士的错误

关于约翰逊,鲍斯威尔写道:"约翰逊曾与一位绅士共处过一段时间,这位绅士觉得自己理应维护贝克莱博士天才的哲学观点,即除了被某个心灵感知到的东西之外,没有其他东西存在。当这位绅士打算告别的时候,约翰逊对他说:'求求您了先生,请不要离开我。因为我们可能会忘记想您,这样一来,您就将不复存在。'"事实上,约翰逊对贝克莱的观点有双重误解:心灵是持续存在的实质,人的心灵会持续存在;不论构成他身体的观念集合是否正在被观察,都将由上帝维持它的存在。

贝克莱的问题和不一致性

（1）贝克莱的"主论证"由于太过隐晦且令人失望，因此一直以来不断地被人解读、批评。他常常被指责混用了观念的两种含义：作为感知行动或事件的观念和作为感知对象的观念。因而在作为形式的观念和作为内容的观念之间引发了混淆。

笛卡尔巧妙地利用了这种模糊性，从作为公开表达的思想转移到在那个时刻思考那些思想的"我"身上。但他只是在两种含义的观念之间建立了共时存在性。而贝克莱看起来既在无意之间把观念的两种概念相等同，又假定他的论证确立了这种等同性。形式／内容的同化有利于引出他设法巩固的非物质论和反怀疑论，但是他的论证真的证明了它吗？

（2）他既说观念存在于心灵之内，又说它们与心灵不同，并在心灵外部。不可否认的是，观念确实可以既在心灵之内，又与它不同，就像鸡蛋不同于装它们的盒子一样，但是贝克莱似乎常常在说，观念同时还在心灵的外部。这些关于观念的观点彼此不一致，而且没有一种与他认为的观念既是感知行动，又是感知对象的主张相符。这种不一致性是有可能被调和的——可以说内含观念的心灵是上帝的心灵，而与观念不同的心灵才是人类的心灵。虽然这本应事先澄清才是。

（3）如果没有上帝，或者在有上帝的情况下，贝克莱的主观唯心论看起来都是唯我论。上帝引发我拥有观念（是上帝心中的观念），但是他人的观念和心灵呢？它们是如何与我的观念和心灵相协调，使我们都能对我们感知到的东西，和正在发生的事情达成共识呢？维特根斯坦说，唯我论与纯粹的实在论不

塞缪尔·约翰逊博士误解了贝克莱的观点。

谋而合。还说唯我论的自我塌缩成一个没有广延的点，只留下与其坐标协同的现实，因此主体不属于这个世界，相反，它是这个世界的限度。

可以说，维特根斯坦的唯我主义实在论，与贝克莱关于自我与现实之间关系的说法很相似。但是，既然在贝克莱看来，我不是唯一的自我，那么其他的"世界的限度"又是如何呢？又或者说，那应该是其他世界的限度吗？为了对应这些限度，必然存在多于一个的世界。看起来《原理》《对话》以及《视觉新论》都否认有一个共享的、共同感知到的空间存在。

按照贝克莱的说法，我们拥有关于其他自我的"理念"。可是我们不分享他们的观念，就如同一个人不能共享另一个人的梦境一样。在电影《黑客帝国》中，有这样一个行不通的虚假前提：虚拟现实就像矩阵中的外来者，只能容纳一个意识。上帝必须拥有违背逻辑的力量，才能确保所有的虚拟现实（观念）都步调一致。例如，令一个女人将要怀孕的观念，与她所怀胎儿的父亲的相应观念同时发生。

（4）贝克莱难道不是为了走一条直线而绕了一个"8"字吗？他为了调解科学与自己的学说（见上文）而做出的尝试是荒谬的。他似乎在暗中依赖着过去的关于客观空间和一个物质世界的存在性的信仰，却在公开对言论中对这些信仰加以批驳。

更糟的是，面对海拉斯的挑战时，斐洛诺斯接受了《创世记》式的造物学说。它提到了太阳、月亮和星辰，地球和海洋，植物和动物，他说："所有这一切都是真实存在的，在创世时由上帝创造。毫无疑问，我通过阅读它而认识到，世界的几个部分逐渐变得可以被有限的灵所感知，这些灵被赋予了恰当的能力。"因此，不论是谁曾如此存现过（"存现"在何处？），这些灵都切实地被感知到了。

所以，事实上上帝确实创造了这个世界和它的客体，而且上帝维持了这些客体/观念的存在。这些并不像某种虚拟现实一样，对于每个人各自而言存在，也不仅仅是每当有人感知时都创造出全新的观念，而是采用了一种公共的、恒久的方式。同时，也是在一种公共的空间之内，不然的话，这些有限的灵要现存在何处呢？

由此，观念其实既在心灵之内（内部），也在心灵之外（外部）。观念有两类：A类观念，外在于个体人类的心灵，是具有一种真实存在性的持久存在的客观事物（斐洛诺斯建议海拉斯，如果他想要，可以把属于这一类的观念称为事物）。斐洛诺斯说：它们是上帝创造的原型（想必存在于上帝的心灵之中）。B类观念存在于个体人类的心灵之内，是关于更加客观的A类观念的主观感知原型的"副本"（斐洛诺斯的称法）。

所以，说到底，贝克莱的唯心主义非物质论似乎等同于二元论的间接实在论。相当于说，这个世界上存在两类东西，感知物（心灵和它们的观念）和被感知物（更持久的观念，相当于物理事物）。有一种事物的双重状态，其一重是副本或自然的，另一重是原型的和永恒的。如间接实在论所示，第一重和第二重之间存在一种对应关系。即便在贝克莱眼中，事物也比在常见的二元论中更不像事物。

（5）进行感知的精神物不是公共的或通透的，使精神实质彼此区分开来的，必定是构成它们自己及彼此躯体的，被它们自身或其他精神实质所感知的观念。这与唯心论不相契合。

◎ **要点总结：**

- 贝克莱是一名唯心论者，他相信现实在根本上是精神的和非物质的。
- 贝克莱认为，所谓的第一性的质，与第二性的质同样依赖于我们，且与我们紧密相关。
- 他说，假定观念与它们表面上看上去完全不同，并且是十分荒谬的。例如，一段声音实际上并不是我们所听到的东西，而是具有潜在的可视性和可触摸性，它是一种声波。就一个观念而言，表象即真实，即看起来像什么与是什么实为一件事。
- 只有观念和心灵是存在的。心灵之中有一种为上帝的心灵。观念通过上帝的意识持续地在我们的心灵中被引发出来，并且/或者（贝克莱似乎对此有些犹豫）保持恒久的存在性。
- 贝克莱说，《圣经》中关于创世的学说，我们的心灵拥有由上帝创造的原型的副本，有限的灵在被赋予恰当的能力后，即可感知这些副本。若果真如此（而且他并不完全支持它），那么我们就只剩下"是什么"和"像什么"之间的缝隙了。即在心灵之外的事物与在心灵之内的事物之间，以及在被感知之物和感知它之物之间的缝隙。准确地说，是他在努力填补或否认的那个缝隙。
- 对于贝克莱的解读甚至有可能得出这样的结论。他提出了一个如笛卡尔和洛克所见的世界，既包含物质的物，也包含精神的物。事实上，这里面还给贝克莱致力铲除的怀疑论留下了空间。

第 6 课

认识论：心灵如何让人类思考、感觉和行动？
大卫·休谟

在说英语的哲学家里，大卫·休谟是公认的最伟大的一位。他是苏格兰启蒙运动的一分子，同浪漫主义者一样，抨击理性的地位，抬高情感的价值。他的思考主题是"人的科学"，他认为这是其他一切科学的唯一的坚实基础。他把人类视为自然的一部分，并非超越自然之物，由此打开了通往现代的大门。他剖析了我们受到情绪、习惯和无意识的精神机制驱动的方式，对后来的达尔文、弗洛伊德、认知科学家和行

大卫·休谟虽是苏格兰启蒙运动的领军人物，但是他的哲学却抬高了情感的地位，贬低了理性的价值。

为主义者产生了深远的影响。休谟对康德的影响更加直接,后者曾写到,是休谟把他从独断论的睡梦中唤醒。

从"主怀疑论者"到"后怀疑论者"

休谟在他极端的经验论中,令人咋舌地扰乱了我们所有的日常信念。其外部世界、自我、因果关系和归纳法都变得可疑起来。他曾一度被视为一名"主怀疑论者",如今却被归为一名"后怀疑论者"。他循着笛卡尔、洛克和贝克莱的理性论点,得出逻辑推论,展现出它与自身的颃颉和矛盾。作为一位机智与悖论方面的大师,休谟说,是自己理性的推理迫使他走向了怀疑论。他又说,自己无法相信怀疑论,而他的这种不信又恰恰是怀疑论最鲜明的表征。他的论证总是如此错综缠绕,似是而非,导致人们很难了解他相信的究竟是什么。他是不信上帝的贝克莱?是现象主义者?还是常识意义上的二元论者?有些自诩为新休谟主义的哲学家各执己见,宣称休谟相信绝大多数被他自己否定的信念。

同样,休谟在他的道德哲学中也主张:是,且本应只是情感的奴隶。驱动道德的是情感,而非理性。除此之外,理性还说服我们从"是"(is)走向"应当"(ought)[1]。虽然我们所感到的同情,是我们发生道德行为的动力,但休谟这里所说的"同情"并非指同情心,而是指对于那些在地理和情感上与我们接

---

[1] 这里的"是"和"应当"指实然与应然的区分,为使上下文一致,这两个词在书中统一为"是"与"应当"。——译者注

近的人们的感受，所产生的自动的感察，如果这些人感到烦恼忧愁，那这种感觉就是指一发自肺腑的不适感。休谟认为，我们需要理性地把我们对自己和我们所爱之人的天然关怀，扩展成一种更加公正的，对多数人类的关怀。

生平

休谟生于1711年4月26日。他的家庭虽然属于绅士阶级[1]，但家境贫寒，只在英格兰和苏格兰边境拥有一处很小的房产。在他十二岁时，他进入哥哥就读的爱丁堡大学读书。在那里，休谟本应攻读他厌恶的法律，可事实上却在私下里如饥似渴地阅读古典作家的著作，如西塞罗和维吉尔。休谟十五岁时就离开了大学，那时的他还没有毕业，在接下来的三年间，他在家中思考和学习，并在此期间放弃了加尔文宗的信仰。

如他一直以来否认的那样，他没有成为一名无神论者（这在当时是败坏名声的事），但至少也可以说他成了一名不可知论者和反宗教者（特别是反对天主教）。休谟力求发现某种新的媒介，使真理得以借此确立，并且超越一切界限进行思考，这种殚精竭虑将他推向了癫狂的边缘，并且可能已经越过了这条边界。他曾在《人性论》（1740年出版）中对此有过描述。十八岁时，休谟患上了一种未经确诊的疾病（可能是抑郁症），这种病没有太多躯体症状，却"熄灭了"他的"热情"，让他在九个月

---

[1] 在中世纪的英国，绅士阶级是社会地位仅次于贵族的社会阶层。——编者注

内都无法思考或写作。

休谟曾在布里斯托尔短暂地做过一阵子文员工作,而后数年间,都在笛卡尔曾就读过的拉·弗莱舍公学里清俭度日。他在学校里同耶稣会士展开过和睦友好的论辩,并写下了《人性论》。这部书的前两卷《论知性》和《论情感》于1739年匿名出版,第三卷《论道德》于1740年出版,同时还匿名出版了一册《摘要》,简要地总结了第一卷的内容。尽管休谟为了尽可能地降低冒犯程度而"阉割"了其中一些更"高贵"的部分,比如对奇迹的抨击等,但这部《人性论》实在是才华横溢、胆识过人,又离经叛道,休谟期待《人性论》至少能在狂热分子之间激起一阵讨论。可《人性论》出版时如死胎落地,评论寥寥,无人相惜。为此休谟饱受打击。

在接下来的几年里,休谟写下了一些被世人所接受的文章,还短暂地担任过"疯子"安那代尔侯爵的家庭教师,做过圣克莱尔将军的秘书,并随同他出使维也纳和图灵,参与了一场荒诞的入侵布列塔尼的海战。他曾申请到爱丁堡大学(1745年)和格拉

休谟在青年时代利用课余时间阅读了西塞罗等经典作家的著作。

斯哥大学（1751年）任教，但遭到了拒绝，因为把他视为"大异教徒"的远不止鲍斯威尔一人。休谟的出版商因为他的论文，而遭到法律行动层面上的威胁，随后这些论文也被取缔。但是这都没有阻止他继续就宗教问题，发表有争议性的写作的行为。作为1757年面世的《论文四篇》之一的《宗教的自然史》，他还安排自己的外甥在他死后出版了《自然宗教对话录》（1779年出版）。他的所有著作都被天主教列入了禁书的目录。

休谟最终以一名历史学家身份获得了声名，他的六卷本《英国史》（发表于1754到1762年间）比《人类理解研究》（1748年出版）和《道德原理研究》（1751年出版）等哲学论著知名远甚，而后两本著作有时被认为是他最伟大的作品。《人类理解研究》包含了此前被"阉割"的关于奇迹的内容，剪掉了关于人格同一性的话题。休谟在《人性论》的附录中坦承，他自己对这一话题是存有困惑的。关于《人类理解研究》到底是《人性论》的重述还是置换，以及他在贬低那幼稚的作品时，在多大程度上只是一种单纯的策略，关于这一点学者们争论激烈，各执一端。不可否认的是，这是他在晚年唯一没有进行过修订的一部著作。

自1763年起，休谟在巴黎担任英国大使的私人秘书。这三年里，他在交际场上受到热捧，结识了一批启蒙人物，如狄德罗、达朗贝尔、霍尔巴赫，还有美丽的布夫勒伯爵夫人。1766年，他与让-雅克·卢梭结伴返回英国。虽然休谟最初与卢梭相见恨晚，莫逆投心，但卢梭后来变得多疑猜忌，二人的失和也成为一桩著名的公案。

1775年，休谟染上重病，很有可能是肝癌。他面对死亡相当乐观（当鲍斯威尔指出这一点时，约翰逊博士格外愤怒），仍旧不悔地反对宗教，直到生命的最后，还保持着自己的谐趣机智和雄辩口才。

休谟的认识论

休谟想要成为心灵世界中的牛顿。他关心的问题是：人类的心灵必须拥有何种性质，才能让我们如其所是地进行思考、感觉

德尼·狄德罗是启蒙运动的领军人物之一，也是休谟在巴黎结识的法国哲学家中的一位。

和行动？在康德之前，他大概是第一个提出这个问题的人，并且他还把人类的行为，作为自然的一部分进行考察，从而将其纳入实证科学的范畴之内。鉴于对人类而言，心灵的本质与外部身体的本质，同样是未知的。因此他试图像牛顿描绘出物理世界中的运动法则一样，发现并列举出驱动心灵的力量。他在笛卡尔的"机械哲学"上做了进一步的延展。笛卡尔称：人们拥有赞同（或不赞同）真理及我们所持观念的精确性的自由意志，而休谟非但没有让人类的心灵豁免于因果力，反而寻求为它的关系的自动流向，进行分类界定。根据笛卡尔的说法，我们应该拒绝接受任何缺乏理性论证的信念。在休谟看来，我们相信的东西大多没有理性基础，但是这并不意味着我们不理性地相信这些东西。人类本性的非理性法则，令我们以某种特定的形式思考。

心灵家具

同笛卡尔、洛克和贝克莱一样,休谟的思考也是从间接实在论出发的。他说:"除了知觉以外,没有任何东西能被心灵看见。"他称这种知觉为"印象",以与"观念"做出区别。

1. 印象和观念。

(1)休谟解释说:"洛克先生篡改了观念一词的含义,用其表示我们所有的知觉。"休谟复原了"观念"的原初含义。他使用"印象"这个词来表示被瞬间击中我们的那个直接而生动的知觉(要么是感官体验,例如颜色、味道、形状;要么是反射,即我们对感官体验的内在反应,例如欲望或反感)。休谟使用"观念"一词来表示相对更微弱、却更持久的印象副本,并将其作为一个概念得以留存。

(2)印象会转变成观念,同理,观念也会"返回灵魂",产生新的印象。与一种寒冷的印象伴随而生的一种不适的印象,会产生关于二者的观念。反之,这两种观念也会产生一种内在的反感印象,反感的对象正是这两种观念,以及导致这两种观念的印象的重复发生。

印象 - - - - - -> 观念 - - - - - -> 印象

(3)我们所有的知识都由感官印象的观念构成。例如,如果你不具备事先形成猩红色印象的必要感官(视觉)或者必要经验(看见某种猩红色的东西),那么你就无法拥有猩红色的观念(他在这里顽皮地预设了一个外部世界)。

但是休谟还给他自己的理论提供了一个反例。如果某人眼前出现一系列的蓝色,从淡蓝逐渐过渡到深蓝,但其中有一个色度缺失了,那么他将感知到一个空白,并意识到:在连续颜色之间出现的那个空位,比在其他任何地方出现的空位间距都要更宽。虽然休谟在自信地精准识别出一度颜色的缺失上,可能犯了错,但他指出的原理或许是正确的——画家在调色时,很可能产生关于他们此前毫无印象的某种过渡色的观念。可即便如此,休谟还是太过依赖于对印象和观念的"图像式"理解。

(4)休谟承认,我们有能力形成一个关于外部客体的"相对观念",而不必假装声称理解了这些概念。一些新休谟主义者称:"相对观念"一词(除了休谟有时会使用外,洛克和贝克莱也使用过)为间接实在论者提供了一条挣脱唯我论心灵藩篱的出路。例如,洛克说:一种相对观念外加于我们的感知,而且幸亏如此心灵才得以形成关于被感知到的质的支持的关联性观念。

(5)作为我们观念来源的印象,并非一定是我们自己的直接印象。历史主义者(如休谟本人)可以从它们对于文本(一手材料)的印象中拾得关于过去的印象,这些文本记录了过去的种种印象,比如恺撒对于穿越卢比孔河的印象(这是休谟举的一个例子)。

(6)想象和记忆扩展了我们的心灵家具:

①在想象中,我们可以任自己所愿组合观念(例如,金子+山=金山)。关于上帝的观念来自我们在自己和他人身上发现的"那些无限累加的善与智慧的特质"。

②记忆是印象与观念的中间物。休谟认为,记忆是一份精确的复制品,当然,除了当它有缺陷的时候!他(令人无法信服地)说:"虽然我们可以想象未曾发生过的事件,这种想象相比于真实的记忆还是更微薄、更模糊。"

2. 促使我们从一个观念转向另一个观念的原理有三条(这是对应牛顿运动定律的心灵版本):相似律、接近律、因果律。如一幅肖像将我们的思

弗洛伊德有关心灵中不为人知的滑轮组的学说很可能受到了休谟的深刻影响。

绪引向肖像中再现的不在场的朋友,当然,如果在画中看到他的儿子也有类似的效果。还有,提到一栋楼中的一间公寓,就会引发对楼中其他公寓的联想;如果我们看见或者想到一个伤口,就会不自觉地想象由它引发的疼痛。

由此,我们的心灵通过一种缓和的、感知不到的运动对我们意识不到的东西进行操作和联结,将我们从一个观念引向另一个观念。与其说是我们制造了联系,倒不如说它们是为我们制造的自然的流向。休谟的学说预见了心灵的计算机模型——他提出心灵是一组活动,而非一组内容。在很多情况下,这些活动都无法被我们的内省触达(硬件运行软件)。他很可能还影响了弗洛伊德有关心灵中不为人知的滑轮组的学说(力比多、

俄狄浦斯情结[1]、防御机制、梦程[2]）。

然而休谟还说：我们并非被迫地制造联系。他的原理并不构成"一种不可分割的联结关系"。这些联系只是由某种吸引力，即一种通常有效的温和的力量促成，同时还受到某些通用原理的指引，这些原理通过某种特定的方式令其在所有的时间和地点与自身保持一致。

3. 休谟的叉子：人类的发问对象互斥排他地分为观念的关系与事实两种。

（1）观念的关系

每一种论断，要么是通过直觉确定，要么是通过论证确定。这些并不依赖于在宇宙任何地方存在的东西，单纯借助思考就可以发现，例如几何、代数和算术。

（2）事实

每一种事实的反面都有可能存在。因为它绝不会内含一种矛盾，且心灵在构想事实的反面时，享有同样的能力，同样清晰分明，并与现实毫无相悖之处。例如，我们有可能想象太阳明天不会升起，而且这么做不会与我们自身产生任何矛盾。

信念

信念不依赖于意志，也不能被任意指挥。我们会思考很多自己不相信的东西，当我们相信某些东西时，就不会再对我们

---

1 指恋母情结。源于希腊神话故事。——编者注
2 梦的工作。是对梦的真实意义的歪曲机制。——编者注

关于这些东西的最初观念，进行任何的增减或者做任何形式的改变。可变的是我们对于这些观念的构想方式的生动性，它会变得"更强烈、更鲜明"。由此可见，信念是一个状语——是不自觉地发自肺腑的。休谟说："当我对任何一种原理产生确信时，只是一个观念更强烈地击中了我。"

你可以反对说，我们的很多信念都是潜伏的，而不是易于察觉或者有意存有的，而有些信念是无意识的或不被承认的。另外，我们对于自己所信之物的构想，其生动性常常比不上幻想或者想象的情境。历史小说总是能制造出相比阅读史实所产生的，更加鲜活的观念。

知识

休谟有一个显然是被迫持有的经验主义信念，那就是真正的知识依赖于先验的感官经验，因而归根结底必定由印象中得来。任何一种被称为真实的观念，都必须可追溯回印象（并不一定是我们自己的印象）或观念之间的关系，如在数学中那样。否则，它们便是不成立的。他在《人类理解研究》中发出了一次著名的劝导，敦促我们跑遍图书馆，检查每本书，看它是否包含关于事实与存在的实验性推理或抽象的数学推理。如果没有，那就把它投入火中焚，因为它里面含有的东西只能是诡辩和错念。

这种破坏被休谟愉快地称为"浩劫"，启发了20世纪的艾耶尔和其他的逻辑实证论者。他们宣称，形而上学、伦理学、美学及其他任何一种无法由经验论证的学科都没有意义。事实上，作为一位思想家，休谟远比他们更加细腻、复杂和敏锐。

外部世界

"印象"有一层隐喻含义——心灵像软蜡一样,由一枚图章戒指印上刻章。我们知道,休谟曾读过一些斯多葛派学者的著作,他们中就有人使用过完全相同的隐喻来描述我们感知的方式。但是他们把物质客体的存在视作理所当然,尽管洛克标榜经验主义,也同样如此默认。但他并不总是守在他所宣称的限度(印象和观念)之内,但是他不会诉诸上帝作为客观性的担保者(颇具神秘色彩的是,他确实说过:"如果专门假定外部客体与我们的感知不同,那么,我们能走到的离一个外部客体的概念最近的地方,就是形成一个关于它们的相对观念,而无须假装理解相关的客体。")

1.既然我们无法走出我们的感知之外,那么我们如何确认存在一个恒久存在且独立于我们的实质的外部世界呢?

(1)我们有对于实质的印象吗?没有。如果实质被眼睛所感知,那么它就一定是一种颜色;如果被耳朵感知,那它就是一种声音;如果被味蕾感知,那它就是一种味道。它也并非来自对想法的印象(既非感觉,又非情感)。因此,除了对于一个特定特质集合的印象之外,我们没有任何有关实体的印象,这就是"实质"的全部意义。

(2)一旦印象停止在我们的感官前出现,我们的感官知觉也不可能为我们提供有关印象持续存在性的"理念"(休谟借用了贝克莱的这一遁词)。

(3)感官知觉也不会就它们所感知之物的独立存在性"提供……它们的印象"。仅靠单次的感知,永远也不可能产生有关二次存在性的观念，但是它可以通过推理或想象的推论得出，"二次存在"必定意味着感知及其在推定下所感知之物（外部世界中的某种物理事物）同时存在。一次感知除了感知本身之外并不传达任何多余的信息。

2. 我们如何区分关于我们自己身体的印象和我们持有的其他印象？

（1）想象感官可以在我们自己和外部客体之间做出区分，是荒谬的。因为每一种印象，不论其为外部还是内部的，不论其为热情、爱意、感触、疼痛还是愉悦，究其本源都是同等的。而且，不论我们在它们之间观察到任何其他的不同之处，就其

想象就像一艘运动中的战舰——它倾向于沿着既定航道持续前行，即便没有新的动力输入也不停，途中的缝隙可以被轻易地滑过。

本真的面貌而言，它们都表现为印象或感知。既然它们都经由意识为我们所知，那么它们必定在全部的细节上如其所是，且为其所似。

（2）可以说，我们自己的身体显然属于我们。因为有些印象看起来外在于身体，所以我们也假定它们外在于我们。我当下写字所用的纸在我的手之外，桌子在纸之外，书房的墙壁在桌子之外。我把目光投向窗户，看到一片广大的田地和建筑在我的书房之外。关于这一点，更恰当的说法是，当我们注视自己的四肢等身体部位时，我们感知到的并非是我们的身体，而是通过感官获得的特定印象。我的"身体"与其他事物没有任何不同，也是一系列的感知。除了感知之外，没有任何其他东西能抵达心灵，心灵也不可能触及它们与客体发生联系的任何经验。

3. 休谟援用了第二性的质的区分：声音、味道和气味并不占据空间，因此也不可能在身体的外部为我们所见。

4. 不论如何，我们没有关于空间（外部性）的印象，这也是贝克莱的观点。

那么，我们为什么要想象事物在我们的外部独立存在呢？因为当我们体验某些特定的印象组时，体验的方式中含有"恒常性"与"连贯性"。想象就像一艘由划桨开动的战舰，当沿着任何一条思路启动后，战舰在这条路线中持续前进，即使没有新的动力输入也不停，因此感知之间的缝隙就这样被滑过了。休谟的学说里真是到处可见这种顺滑的转变。

休谟把心灵看作一个剧场,感知就像演员,在其中亮相、混杂并退场。

自我和人格同一性

把这种印象测试应用在自我之上,同样具有很强的破坏性。休谟已经说明,身体只不过是一系列的印象,与本应外在于它的那些印象没有实际差别。这样一来,他似乎折返回了笛卡尔式的自我,后者也具有这种可以互相替换的印象。可是,始终躲不过的是,虽然我们看似拥有一种关于自我的观念,但是实际上未真正拥有这个观念,因为没有一种印象可以作为它的源头。休谟承认,有些哲学家想象我们每时每刻都在密切地关注着被我们称为"自我"之物。可是,在他而言:"每当我走到离被我称为我自己之物最近的地方时,我总会被这样或那样的特定感知所绊,如冷与热、明与暗、爱与恨、痛与快。我从未曾在没有感知的情况下,追上我自己,也从来未曾观察到感知之外的任何东西。"事实上，休谟说，哪怕你的心灵简化为一个比一只牡蛎更低级的存在，而且只具有一种感知，那你也还是不会有关于自己的连贯感觉，也不可能感知到除了哪一种感知之外的任何其他东西。

休谟说，心灵是一种剧场，几种感知在其中相继亮相，在千变万化的无数种姿态和情境中擦肩而过，转头相见，默默溜走，混杂相谈。心灵在任何时刻都没有统一性，也没有跨越时间的同一性。休谟告诉读者，不要被这个剧场的比喻误导。相继亮相的感知并非发生在心灵之内，它们只是构建了心灵。我们的自己，撇开关于其他客体的感知，在现实中什么都不是。或者说，"它"是一束感知或某种类似一个共和国或联合体的东西，其中的成员通过统治与附属的互惠纽带联合在一起。

人们大概想问，把这束感知绑在一起的纽带是什么，或者这种"从属关系"是如何运作的。休谟宣称，意志什么都不是，只不过是当我们有意识地引发身体的新运动或者心灵的新感知时，我们感觉并意识到的内部印象。可尽管如此，他显然认为意志并非仅仅是一种印象，而是他在其他地方提到过意志的"影响动机"。

那么，为什么我们以为自己有关于自我的观念呢？虽然在我们的各种感知之间没有真实的纽带，但是想象的倾向把各自有别的客体顺畅地融合在一起，促使我们佯作（假装）我们在自身内部感知到的东西，具有持续的存在性，我们也因而得以撞见灵魂、自我和实质的理念。一如既往，听起来我们似乎是被迫按照我们思考的方式进行思考，但我们同时也在某种意义上自欺欺人。

但是，佯作、想象和被迫使的那个"我们"到底是谁呢？休谟在《人性论》第二卷中，有关情感的论述依赖于一个自我的存在：我们的骄傲与谦卑都以属性、记忆、财富与行动为判，而这些又都依附于自我。虽然这两种情感是相反的，但是它们都有"同一个对象"。在讨论到对名誉的爱好时，休谟说："关于我们自己的观念，或者毋宁说是印象，总是与我们紧密相伴，而我们的意识为我们提供了一种生动的、关于我们自己人格的理念。"不可否认的是，他确实区分了与我们的思考和想象相关的人格同一性，和与我们的情感和自我关怀相关的人格同一性，但这有助于解开他的矛盾吗？而且，可以确定的是，他的整体计划是分析作为一种独立实体的心灵，以及心灵运作的方式。在附录中，休谟坦承道，他关于人格同一性的讨论，已经卷入一个"迷宫"之中纠缠不清了，而且他也没有能力令讨论的问题前后一致。

因果

那么，我们会永远困在自己当下的印象定式之中吗？休谟似乎为此提供了一条出路。如果我们相信因果，那我们就有能力从现在推测过去，由此处推断彼处。通过在一座无人的荒岛上发现一只手表，我会得出曾有人来过岛上的结论。我认为我的朋友人在法国的理由是，我收到了他寄来的一封信，并想起了他之前宣布过的意图。

休谟指出，并不存在一种被所有的原因所共享的特质。相反，因果其实是一个复杂的观念，涉及：

曾有人说休谟看起来更像是一个"吃乌龟的高级市政官",而不是"一位优雅的哲学家"。

休谟的墓志铭

在爱丁堡，休谟的墓碑上刻着：

这个循环的观念 / 被世俗称为墓碑 / 落入其中的印象与观念 / 构成了休谟

先验知识

先验知识是我们不基于经验而获得的知识，并且再多的经验也不能证明它的对错。数学知识是先验的。显然，我们并非在呱呱落地时就知道 2+2=4，但是正如柏拉图在他的对话录《美诺篇》中所论证的那样，即使某个人对于数学和几何一无所知，如果就正方形的性质向他提出清晰的问题，他也能给出正确的回答，好像天生已经拥有知识一样。相对地，后验知识则是我们通过自己或他人的经验而获得的知识。

1. 接近（因与果紧密相邻）

2. 时间优先级（因在果之前发生）

3. 恒常的联结（一种特定类型的"客体"总是不变地跟在另一个类型的"客体"之后）

4. 必然关联（一种类型的"客体"不但总是跟着另一个类型，而且必然跟在它之后。在因与果之间有一种必然的关联）

我们拥有可以产生前三种观念的印象，但是我们是否有关于必然关联的印象呢？

因果的观念来自何处？

因果的观念并非先验所知。我们绝不可能在一个客体首次出现时，就猜测出它将产生何种结果。而且，在任何一个客体之内，如果只考虑其自身，都没有任何东西能为我们提供一个超出其自身之外结论的理由。亚当（世界上的第一个人类）不可能知晓，落入水中会让人淹死，一个孩子不得不从头了解火的效用。还有，谁能够预见出火药被点燃的效果？那么，我们是不是通过经验（后验地）获得关于因果的观念呢？不错，我们确实有因接近、因在果之前、二者恒常相伴而生的经验（如我们看到一个台球击中另一只，而那只被击中的台球立即滚动了起来）。但是，组成因果的复杂观念的第四种观念——必然关联的观念呢？我们是不是这样获得它的：

1. 我们在有意做出比如举起胳膊之类的活动时，会获得一种关于外部力量的印象。那么我们是通过这种印象获得它的吗（这是洛克的想法）？不是，因为：

启蒙哲学篇

我们观察一只台球击中另一只一千次,并没有比第一次观察有任何增进,所以,我们关于必然关联的印象究竟来自哪里呢?

（1）身体活动虽服从我们的意志的指令，但为何最优雅的思想能够完成最粗俗的动作，这完全是一个谜。

（2）不同的器官对意志的依赖程度不同，有的程度较深，如舌头和手指；有的较浅，如肠道；有的程度为零，如心脏。不管是哪种情况，正如我们在身体之外了解因果一样，我们都是从经验中了解到的这些。某些刚刚瘫痪的人在一段时间内都会持续感觉自己可以活动四肢，然后才不得不逐渐适应自己不能完成这个动作的情况（我们还学会/被教会，如何控制我们的膀胱和肠道。同样，我们对于自己如何获得这种控制力也毫无头绪）。

（3）虽然解剖学相关的知识（大多数人都没有学习过）告诉了我们有关神经、肌肉和动物灵魂之间的因果联系，但是我们无法感觉到这些相关事件中的任何一种，而只能感觉到最终的结果。不论神经科学和解剖学如何发展，休谟的观点仍然成立（这也是马勒伯朗士的观点）。我们可以试着控制自己的意图，做出让手指弯曲和手指弯曲的动作。在这里，心灵用意志引发了一个特定事件：随即产生了另一事件，为此我们自己不知道，却与意图的动作完全不同。这个事件引发了另一事件，同样是未知的：直到最后，通过一长串的相继事件，我们所求的事件才得以发生。

2. 我们生出一个新的观念，对其进行思索、检视，而后抛诸脑后，在这个过程中会获得一种关于内部力量的印象。我们是通过这种印象获得它的吗？不是，因为：

（1）还是那句话，这个过程到底是如何发生的，始终都是一个谜。这虽然是一种真正意义上的创造，是从无到有地生产出某种东西，但关于我们究竟是如何实现它的，自己毫无头绪。

（2）心灵对自身的控制有一定的限度，对情感的控制比对观念的控制更少。

（3）我们真正所有的这种自我控制，在不同的时刻差异很大，并会因为疾病、疲劳和饥饿而衰减。

缺失的必然关联印象

由上，必然关联的观念既非源自一种关于外部力量的印象，也非来自一种关于内部力量的印象。而且，同任何一种观念的情况一样，如果它不是从某种原发的印象中得来的，那么我们就没有持有这种观念的道理。但是我们又确实持有它。我们看到有人在悬崖边失足绊倒，就会在恐惧的预期中倒吸一口气。那么我们是怎么"知道"他一定会跌落悬崖的呢？

当我们在第一次观察一个因果序列（A之后是B）时，我们不会有B在A之后出现的期待（休谟语）。在反复观察因果序列之后，我们就会形成这种期待。可是这种不变的观察只能叠加，不能扩大我们心灵的对象。我们第一次目睹事件和客体之间的关联，与下一次和再下一次没有什么区别，因为每一次都只是我们已有的同一种印象的重复。如果因与果的一个例子不会向我们展现其必然性，那么就算有再多的同类例子也不会展现。可即便没有任何理由让我们对这种转变下定决心，我们仍然会发觉自己在不受控制地推测随之而来的"果"。

休谟一直在强调我们思想的自动性，强调牛顿式的心灵之力驱动我们的思想，以及信念其实是一种情感，多是发自肺腑，而非源自理性。与习惯结对共生的想象让我们"通过一千个例子，得出一个我们无法从一个例子中得出的推论，而这个例子与那一千个例子没有丝毫不同"。力与必然性是感知的特质，而非客体的特质。这是由灵魂于内部感觉到的，而不是在身体中于外部感知到的。由此，可能的预期发生了一次反转，推论并非依赖于必然关联，而是必然关联依赖于推论而存在。

必然关联到底能否存在？

有这样一种可能性，即如同我们感受到（通过观察恒常的联结而推知）的必然感觉一样，在那些恒常的联结自身内部，确实存在一种必然性。休谟（如某些新休谟主义者抗议所言）相信，尽管我们无法观察到必然关联的事实，使我们难以合理地假定它们的存在，但是它们依然是存在的。或许，他只是表达并暗示出这一点，并没有明确地论证它。

如其一贯的作风，休谟对此表现得模棱两可。一方面，他写到：从整体上看，必然性是存在于心灵中的某种东西。只不过是思想根据因果在经验中的结合，而进行的从"因"到"果"的自动化活动。另一方面，他还写到：事物的所有活动，都是由一种必然性的力量所驱动，而这一点也受到了普遍认可。在此种情况下，当我们总是假定在作为因的客体和事件内部必定含有一种秘密的力量时，我们没有错（即使我们无法得知这些力量的本质）。

他在《人性论》和《人类理解研究》两本书中，都把"因果律"提名为使我们从一个观念转向另一个观念的三种"联结

休谟论自由和必然性

休谟说:"争论一个行动是被引发的还是自由完成的,只是一种文字上的游戏。"在实践中,我们都会同意自然世界中没有所谓机会这种东西,同样,不管我们的说法有多么不同,在考量人类的行动时,我们都应用了同样的原则。我们预测一个被丢掉的钱包不会一直没有人碰,也会预测它不会飞起来。但不管有没有明确地说出来,我们都相信,惩罚和奖励会让孩子有更好的表现,因为这会改变他们的预期与欲望。更宽泛地说,这一点对所有人都适用。实际上,那些坚持主张自由意志的人,就像疯子表现出来的那样,期待的是欲望的自发性和随机性。休谟说:"真正意义上的自由,是指有能力做我们想要做的事,即便我们的愿望本身并不受我们的控制。"他使用的"自由"这一术语,在道德、心理学和政治自由之间没有明确的分界点,这让他的论证比使用"自由意志"更容易令人信服。

原理"之一(其他两种分别是相似律与相近律)。我们机械地制造的联系(或者说我们通过"自然之流"制造的联系)必然导致我们没有原由地相信因果的必然性。所以,如果说必然关联在物质世界中不存在,那它们至少在我们的心灵中存在。尽管休谟在讨论自由和必然性(自由意志和决定论)时,仍是不出所料地含糊其词。

于是,我们可以向外投射出一种印象,这种印象的对象已然存在,但超越了我们经验的边界,在我们可以产生印象的对

> **因的定义**
>
> 休谟提出了两种因的定义。后人为他是否认为这两种定义的相同含义而争论不休。
>
> 1. 一个客体先在于另一个客体,并与后者紧密相近,且所有类似前者的客体都与类似后者的客体按照同样的先后顺序和接近关系安置。
>
> 2. 一个因是指在另一个客体之前并与其接近的一个客体,二者由此联合在一起,关于其中一个的观念,会引动心灵形成关于另一个的观念,而关于这一个的印象也会形成关于另一个更加生动的观念。

象之外。休谟有时似乎在暗示,在可被论证的知识的围墙背面,几乎可以肯定的是,我们毫无道理地假定出来的现实。或者说,我们可以向外部世界投射出一种凭空编造、没有意义且不存在的必然性(这种不被承认的"投射器"今天仍然潜伏于物理主义者的心灵理论之中)。

但是,休谟有资格说必然关联存在或不存在,以及它存在于心灵内部、外部还是内外都有吗?他对待心灵的态度是一以贯之的吗?间接实在论者是这样的:仿佛心灵在他们自身隐秘的超感官领域中,接收着来自外部世界的输入,并自行对它们进行加工。而且心灵还能变出一种人们从未观察过的"必然关联"的幻觉。当然,休谟的整体观点是,心灵并不豁免于自然法则,其自身只是另一种自然现象,包含了牛顿式的力(或者说由这些力构成）。为此，休谟（可能会）否认内部的必然关联存在于外部的自然现象之中，而且笃定地断言我们无法在物质客体之间感知到这种关联。那么，这样一种必然关联怎么会存在呢？

归纳法的问题

暂不论休谟关于因果的观点有何得失，他揭示出我们对于归纳法（通过观察大量重复的个例而推断出普遍法则的方法）的信任上（在理性层面）犯了多大的错误，这一点就极具革命性。

归纳法是科学的基础，旨在发现自然的法则，以及实际日常生活的法则。我们都知道太阳会在明天升起。"知道？"休谟发问道。只是因为目前为止有一种不变的恒常的联结：太阳在夜晚落下，在清晨升起。但不论是在理性还是经验层面，有什么东西能保证，这些恒常的联结会持续不变呢？有什么东西能确保未来将与过去保持一致呢？同未来总是如此论证，未来将会和过去一样，这是把这一恒常的联结视为理所当然，而这恰恰是循环论证，是问题所在。

你可能会坚持认为，面包总是能给你提供营养，但是休谟说："你对于过去经验

你不知道面包的"秘密力量"，所以只是因为它在过去帮你填饱了肚子，凭什么认为它在未来也应该如此呢？

的求证，决定不了当下情形中的任何事情。"在一片面包的可被感知的特质，和它的"秘密力量"之间，没有已知的联系。你认为面包可以提供营养，只是因为某种可被感知的特定特质现在如此，向来如此，这些都伴有提供营养的力量，那你凭什么就此假定它们将一直如此？

你可能会说：啊，那些秘密的力量已经不再是秘密了。如今我们已知，面包含有碳水化合物[1]。没错，但为什么这些碳水化合物形态的生物分子会出现？它们为何能被分解呢？为什么这种分解作用会制造能量呢？不管你对此研究的多深入，各自不同的事物与事件之间的关联，都是非必然和未知的。科学发现只是把我们的无知延缓了片刻，它永远也提供不出一个关于必然关联的印象。

归纳法的问题延续至今，哲学家和科学家标榜有效的解决方案都是无效的。那么有什么东西可以担保，一直以来可靠发生的因与果在未来还将继续如此呢？毕竟援引自然的法则是没有意义的。只有一位神性的立法者的存在，才能让我们有理由推定永久的法则，而不仅仅是过去的规律。

但是，试着不去假定在特定的事件之间存在必然关联，并认为真正可靠的自然法则也并不存在。你怎样才能设法做到这一点呢？你是打算冒失鲁莽地生活（我想我会直接从这栋六层高楼的窗户里走出去。毕竟，我从这里跌落下去，并不是百分之百确定的事），还是神经兮兮地度日呢（我不敢穿过这个房

---

[1] 包含氢和氧的有机化合物，通常可以被分解，从而在身体中释放能量。

间，因为地板会坍塌是完全可以构想出来的事）？休谟说，我们的信念是发自肺腑的，并不以理性为基础。它们是被迫的、强制的，这对我们来说是一种幸运。

归纳法的强制性还解释了偏见的由来。如果我们习惯性地观察到客体A和客体B共同发生，那么再观察到A或近似的东西时，我们就会期待B也出现。偏见就是一个完美的例子。借助于习惯，想象通过一种自然的转变，从一个客体通向另一个。由此，人们形成一般的法则，并任由它们影响自己的判断，哪怕它们与当下的观察与经验相反。

所以，休谟的怀疑论到底有多"深"呢？

休谟把自己描述为只是"一名缓和的怀疑论者"，还说自己的怀疑论是不定型的，他无法维持这一怀疑论的不变，而且他对自己的怀疑论最为清晰的展示，可能正是通过他在生活中实践和秉承怀疑论的无能。休谟说："有时候，有关人类理性中这些多重的矛盾和缺陷的强烈观点，对我的作用太深，让我的头脑发热，于是我开始幻想我自己被笼罩在最深的黑暗之中，直到我自然亲手驱散了这些乌云，并治好了我这种哲学上的忧郁和谵妄……"思想的强度松懈后，他走出家门，下饭馆、玩五子棋，和朋友们寻欢作乐。如此一来，当他再回到家中，那些猜想看起来就只是冰冷、做作且荒谬的了。

作为一名哲学家，休谟怀疑因果、归纳法、外部世界和自我。但作为一名能动者，休谟对这些感到十分满意。因此，怀疑论者尽管声称他没有能力以理性为他的推理辩护，但他仍会继续推理并相信这些。即使在这一点上,自然并没有留给他选择的权利。

作为现代性的先声,休谟揭示出理性并非我们的本质。正如叔本华所言,我们不是长着翅膀的小天使,我们的信念是具有物种特异性的,不是去视角化和绝对性的。而笛卡尔探求一个关于世界的纯粹客观概念的计划是不现实的,因为理性永不能让我们满足于常识性的信念,但如果我们不能在理性上论证它们,自然之流(我们也是它的组成部分)就会强迫我们同时相信和不相信它们。因此我们完全可以问,是什么原因引得我们相信身体的存在?虽然如此,问身体是否存在则毫无意义。这是我们在所有推理中都必须视为理所当然的一点。如果抽象推理迫使我们产生怀疑,那么实践推理则会强迫我们不要怀疑。

休谟使用了一个与他自己舒适的肥胖身材完美契合的隐喻。他说,当心灵姿态不安或是被强制且不自然的时候,信念就倾向于不那么全心全意了。信念一定得建立在某种自然的、令人

休谟把理性视为一种机械力量和一种重要的生存机制,这是对进化论的预见。

安心的东西上。做作的哲学（与舒适的常识性相对的）信念就像抑郁时那种的清晰可见的惨淡——理性既病态又不自然。相反，让我们相信并感觉到生命之善的荒谬不当的乐观主义虽然是非理性的，但却健康而正常。

休谟的口是心非

休谟对理性一词的使用至少取了两种不同的意义。要正确地考虑此事，理性只是我们灵魂中一种美妙而难以理解的本能，带我们沿着一条特定的观念思路前行。至少就"实验推理"的情况而言，它是一种另我们与野兽共同拥有的"机械力量"，它作用于我们，使我们躲过危险。休谟把理性看作仅仅是又一种有用的生存机制，这是对进化论的预见。

休谟同时还在更传统的意义上使用了"理性"，并把它作为一种高于野兽的能力，尽管他说理性"运转太慢"，以至于我

们的生存不能信任其有误的推断，而某些本能或机械倾向，反而无误地奏效了。同样，我们并不由理性所指引，而是受到习俗与想象的引导。既然如此，理性就是某种潜在地与自然相悖，有别于自然的东西。实际上它常常是休谟引人注意到所有问题与困惑的尴尬源头。

休谟既把人类的心灵归入自然世界当中，又把它抬到高于自然的位置之上。理性的潜望镜似乎戳破了我们实际上相信的东西，和实际上在做的事情，让他有能力说，我们没有理由相信我们相信的东西（即便我们不得不相信它）。

休谟对于"似乎"一词的利用更具欺骗性。当他说所有的事件都似乎完全松散并分离时，这个"似乎"一定只是一个抽象理性的"似乎"，而不是一个感官经验上的"似乎"。他始终都在对我们说，我们的心灵自动且无意识地（带着滑行战舰的冲力）湮灭了事物和事件之间的缝隙，因此它们似乎可以恒久地持续不绝（即便理性论证它们并非如此）。每当休谟说，我们不能避免相信 x，做 x 或者 y 只不过是 z 而已时，我们都应该警惕起来。

我们在哪里？

休谟在他的哲学谵语中发问："我在哪里，或者我是什么？"如果外部世界的存在性如此可疑，那万物都在何处？可能休谟并不需要解释印象的起因，或者心灵的所在。说到底，他是在研究"人的科学"，而不是世界的科学。他所写的是认识论，并非形而上学。当我们看到我们已经抵达了人类理性的最远边界时，我们可以知足地坐下。虽然这是我们在无知的海洋里的心满意足，并且我们也将察觉到，除了有关它们真实性的体验之外，我们无法给那些最普遍且最精妙的原理找到任何解释的理由。如休谟所言，一个客体在哪里都可以存在，同时在哪里却又不存在。他坚称这不仅是可能的，而且生命的绝大部分都以这种方式存在，且必须以这种方式存在。

但是如果我们不体验让我们产生体验的机制，而我们有意识的信念，仿佛是发生在（可被感知的）场景幕后的无意识过程的结果。那么，他自己又如何有关于必然关联在心灵中发生的观念的呢？或者说，事实上是由他假设提出的任何一种关联性机制，又是从何处得来呢？不论是在他自己的心灵里，还是任何其他人的心灵里，他怎么能得到对于心灵关联的印象呢？而如果他没有这种关于印象的印象，那么他写下的关于它们的话，就定然属于"诡辩和错念"的作品，他会劝我们把它们付诸一炬。

休谟的自相矛盾令人恼火，却又丰富、新颖并影响深远。我们凭什么要求这位活跃在18世纪的伟大哲学家，也要秉承现今分析哲学家那种吹毛求疵的一致性呢？

◎ **要点总结：**

- 人类心灵必须具备何种特性，才能支持我们如其所是地思考、感觉和行动？休谟是第一个提出这个问题的哲学家，也是第一个把人类行为作为自然的一部分进行思考的人。
- 休谟没有让人类的心灵豁免于因果力，而是寻求将其自动化的关系流向进行分类。
- 我们的全部知识都是由从感官印象中得来的观念所构成。促使我们从一个观念转向另一个观念的原理有三种：相似律、相近律、因果律。
- 虽然休谟描绘出了心灵中的因果力，但是他对于因果是否在我们通常所指的意义上真正地发生，是存有怀疑的。
- 不论如何我们都会相信因果关系，因为这样做是有用的。
- 休谟还揭示出我们在对推理——通过观察很多反复出现的个例，推断出一个普遍法则的信任上犯了什么样的错误。有什么东西能保证未来将与过去保持一致呢？
- 信念只是一种构想观念的舒适方法。
- 在休谟看来，我们对于很多东西的相信，都没有理性的依据，但这并不意味我们相信它们是没有道理的。

第 7 课

道德哲学：理性只是情感的奴隶
大卫·休谟

在我们的料想中，休谟大概会像对待因果、世界和自我一样，对道德进行摧毁——甚至有可能接纳道德虚无主义[1]，或者采纳20世纪哲学家约翰·麦基的立场，否认客观道德价值的存在，理由是如果它们存在，那么它们就是世界结构中独一怪异的事实。说到底，我们能从什么（休谟式的）印象中

---

[1] 认为道德是一种虚构的观点。
——编者注

威廉·渥拉斯顿这样的道德理性主义者称，道德的价值是绝对的。

得出我们关于道德价值的观点呢？

　　休谟在《人性论》中宣明，道德对我们影响至深，因而它绝不可能是一只喀迈拉[1]。而《人类理解研究》在开篇处便声明，只有那些想让自己看上去机灵的人，才会声称自己相信道德上的区分是不存在的。他问，有谁会真心认为所有的性格和行为都同等地被人喜爱和值得赞美？每个人都必须时常受到来自对与错的意象的触动。

　　休谟是在面对道德问题时一反常态地心慈手软，乃至于逃避吗？他在讨论我们的知识时，秉持严苛的经验主义，不满足于仅仅是观察我们的所做、所想和所感，而是要质问其终极的正当性。实际上他真的说过，我们只是想象自己感觉所感觉到的一些东西。但是，他很可能是把道德制度作为制度本身加以接受，他寻求的知识作为一种社会现象的"道德的真正起源"。那么，他是像亚里士多德一样，去检视已经被接受为美德和恶

> 　　道德主观论和情感主义一样，都把道德视为一种感觉上的事。但是，情感主义者认为，一个道德陈述（如折磨人是错的），只是在表达同意／不同意（可能是作为一种说服的形式），而主观论者则一般认为，一个道德陈述，实际上就是一个陈述（并非一种感叹）。它陈述的是说话者的感觉（如我同意／不同意……）。

---

1 指妄想。——编者注

行的东西,还是说,他刺探得更深呢?

关于休谟的道德哲学众说纷纭,但是至少在贬低理性而抬高情感这一点上,他的论点不存在分歧。他着意反对同时代的道德理性主义者,如拉尔夫·库德沃斯、威廉·渥拉斯顿、萨缪尔·克拉克,后者称道德价值是上帝拟定的,是绝对的,而且道德命题(当其为真时)和数学命题一样,具有客观真实性。他支持的是弗兰西斯·哈奇森和沙夫茨伯里伯爵的感伤主义论调,主张道德感由感觉与品位构成。但是休谟的复杂论点展现出比上述两派学说精微远甚的阐述,最终援引理性来中和内在于情绪之中的偏见。

是与应当

休谟在《人性论》中有这样一段著名的评论:在他见过的所有道德系统里,思想家们都乐于从事那种日常性的,关于事实的推理和论证,直到他惊奇地发现,他们所有的命题都并不涉及"是"与"不是",而是在说"应当"或"不应当"。此时,一种不可察觉的转变发生在一种新的关系上,需要得到解释。休谟宣称,指

"善良的"和"罪恶的"这样的词语仅仅是在表达同意或不同意吗?

出这一点，就是要"颠覆一切庸俗的道德系统，并让我们看到，善与恶的区分并非仅仅建立在客体的关系之上，也并非由理性所知"。

有些 20 世纪的哲学家称，休谟所提出的一种研究道德哲学的新方式，就是如今被称为非认知主义的系列立场之一。此类立场认为，事实上道德陈述根本并非陈述，所以当我们说一个行为或者属性是好或者坏的时候，我们既不是在对其表示同意（或不同意）如情感主义，也没有发出一个伪装之下的指令或建议，说它应当/不应当被执行或接纳规定主义。感叹和命令是不具备真假属性的。道德事实不存在，我们也不可能拥有道德知识。此类立场以及其他种类的道德非认知主义的立场认为，休谟指出了是与应当之间的一条裂缝，其中包含了一次从描述飞向一种完全不同的话语的升空。

道德印象

当然，休谟可能有非认知主义的倾向，他在字里行间仿佛常常在说，道德陈述实际上是真实的——虽然不是我们假想中的那种真实。就在讨论是/应当的那个段落的前一段，休谟邀请读者思考任意一种被认为是恶的行为，例如蓄意谋杀。"你对恶有什么印象？"他问。不论你怎么审视这个行为，你都无法在视觉、听觉、触觉、嗅觉和味觉上感知到任何的"恶"。因为你只能发现（很可能是谋杀者和被害者的）情感、动机、意愿和想法。只有当你把反思转回到你自己的胸膛之上时，你才会发现一种印象——自你的内部升起的对于这个行为的否定感觉。

因此，当你宣称一个行为或一个人为恶时，你的意识只是基于你的本性所构成，你通过对它进行思考而产生了一种责备的感觉或情感。

听起来，休谟仿佛在说，道德价值是纯粹的个人品位和感觉的问题。事实上，真的有很多人认为他持有主观论者的立场。从某种意义上说，他的确说到了个人品位，但值得注意的是，他是在说你作为读者，内心反应是一种内部的感官或感觉，自然令其在整个物种中普遍存在。所以，感觉并不只是随意性，只取决于个人的一念。它是客观的，这里所说的可观并非科学意义上的客观，而是一种心理学和社会学意义上的客观。道德不是世界结构里的一个"怪异的事实"（麦基语），而是一个关于人类感觉的事实。一次行为、一种属性或一个人究竟值得赞扬还是应受谴责，这与它是真是假并不是一回事（还请道德理性主义者们见谅）。感觉不是某种对现实表示同意或不同意的东西，它们自身就是原发的事实与现实。

善与恶并非作为相对于理性的恒常的合适与不合适而先在地存在，也不是理性使我们有能力感知到它们。休谟说，如果真是这样，那么树苗缠绕母树的根，就等同于弑母。我们也会像谴责人类之间的乱伦一样，谴责狗与狗之间的乱伦。但动物感知不到或者不采用这些道德区分，并不是因为它缺乏理性。倒不如说，人类做出道德区分，并拥有特定感觉，是因为他/她是一个人，是因为我们种族的特有构成。

休谟把道德价值比作第二性的质。他说，善与恶就像声音、颜色、冷热一样，不是客体的特质，而是心灵中的感知。同第二性的质一样，道德价值并不像它们被我们感知到的那样，于自然中存在。而是正如光线与你眼睛中的视杆、视锥与视网膜交互作用而使你看见红色一样，也正如红色在我们每个人的眼中，与红色在所有人的眼中相同一样。

根据休谟的说法，在我们每一个人的眼中"谋杀"都令人憎恶。道德的品位就像艺术品位一样，有一种具有生产性的能力，把所有自然的客体镀上或染上由内部情感之中借来的颜色，在某种意义上就发起了一次新的创造。像感知美丑一样，道德区分建立在人类心灵的原发构成之上，先在于一切教育与规范。

但是，道德有分歧

虽然休谟拿第二性的质所作的类比很有说服力（它已经被阐述成道德"准现实主义"理论的一部分），但也存在问题。它并不完全与"审视你自己的胸臆，这是唯一的事实"的理论不同——你可以感知到道德价值，但是不能对它们做什么。不管怎么说，这个类比都是不精准的。尽管颜色的区分存在某些文化上的差异，一个客体是否红色的，可以判断出真假（例如，可以在法庭审判中影响判决）。光波可以被客观地分析，色盲可以被检测出来，也可以不被考虑。实际上，休谟依赖的是道德感知的一致性。作为第二性的质，道德理应以一种同质化的、具有人类特异性的方式被感知（而不存在主观的分歧）。

但是人类并没有跨时空共享的道德品位或道德感知，他们也并非对相同的行动或属性抱有同样同意/不同意的感觉。确实，有些特定的行为和属性常常在不同的文化中被构建成负向概念，如谋杀、残忍。但是有时被指认为"谋杀"的东西，可以根据说话者当下关心的角度，而被赋予某些特征，使其变得中性，甚至值得赞扬（如死刑，正义战争中的行为）。同样的行为可以获得不同的认定，同样的属性可以得到不同的应用。被计作残忍或不公之事物，即便在同一个社会内部，也留有争论的空间，更何况在不同的文化之间。

由幸福组织而成的道德集体性

这种批评放在休谟的时代会显得不合时宜。道德在当时拥有很高的共识性，而且休谟还有关于人类集体性的启蒙意识。不论如何，他都在设法提供一种穿透文化与个人主观性的道德准则。事实上，他真的在尝试在道德制度与实践之下，挖掘不止于社会与文化客观性的东西。他问了一个旨在瓦解道德理性主义者（也应该瓦解道德相对论者）的问题：人类想要什么？如果关于这个问题有一个统一的答案，那么我们也许就能看到道德的基础在哪里。那样一来，我们所需要的一切，便是关于它如何得以实现的经验性调研。

休谟说，幸福而不受苦难，是最基本的欲望，即人类心灵的主发条和驱动原则。由此他不仅为道德提供了一种心理学基础，还为道德决策以及何谓道德提供了一块试金石。这在如今听起来似乎是显而易见的道理，其因为我们已经深受18世纪晚期功利主义的熏染（它自然也受到过休谟的道德哲学在这方面的启发）。但是我们不应低估功利主义对于道德优先级的重新调整有多么及时（作为先锋的休谟更为远甚）。他们及时地把道德

宇宙的尽头是哲学

在合适的语境下，就连杀人都曾被认为是一种值得赞美的行为。例如，很多社会都推行用死刑惩罚罪犯。

> 人类行为的终极目的,永远也不可能由理性来解释,这完全取决于人类的情感和感情。如果你问一个人为什么锻炼身体?他会回答是因为他想要保持健康。如果你接着问他为什么想要健康?他就会轻松地回答,因为生病是痛苦的。如果你进一步追问,以寻求他为什么讨厌痛苦的理由,那么他绝不可能给出任何理由。这就是一个终极的目的,绝不会再转给任何其他的客体。
>
> ——大卫·休谟,《道德原理研究》

中心的位置还给了人类的福祉,而不是宗教的法则与繁文缛节。不可否认,"福祉"是一个容易引发问题的词,而且含义远比快乐更广,乃至广无边际,而且它还提供了判定道德命题的有力标准。休谟当然没错——他发现了真正的幸福,并提出它才是道德以及宗教真正的对象。

休谟说,当使用自然的、不偏不倚的理性,而不带迷信和伪宗教的欺人注解来做判断时,我们会把有用的或合适的,以及因为推进社会的和平、和谐与秩序而有用处的东西视为美德,同时摒弃修道士式的德行(禁欲独身、受辱、自我否定、谦虚)和它们的阴沉而浮躁的践行者。这种观点在我们这个时代是相当正常的,但是在他所处的时代却是骇人听闻,而且不管怎么说,休谟的原功利主义,只是他多层道德哲学的一部分。跟边沁不同的是,休谟对人类的欲望、情感和动机以及它们如何影响道德行为展开了精妙的论述。

但是为什么是其他人的幸福呢?

休谟和功利主义者说,从根本上来说我们都渴求幸福,这是一个经验事实(而且很有可能是正确的)。但即便如此,我们都渴求绝大多数人的最大幸福,并不是事实。那么,把渴求幸福的人类从对于他/她幸福的关心,转移到对他者幸福的关心之上的东西本应是什么呢?边沁和穆勒接补上了这一问题的裂缝,虽然结果不尽如人意。

休谟自称是通过诉诸一种关于表扬与责备的一致的自然情感做到这一点。他说,我们并非只有当善意、慷慨和爱影响到自己时,才发觉它们是令人愉快的,而且这是从它们自身发现的这种愉快。这就表明,我们的道德感是超越自身利益的。因为美德有一种自然的美和亲切感,所以不管它们是发生在与我们直接毗邻之处,还是发生在遥不可及的时空,不论我们在何时听到或读到它们,又或者我们在剧院里看到它们上演,美德都会"引发我们的赞许"。如果不会偷奸耍滑能力的动物都可以友

杰里米·边沁是功利主义的主要倡导者,而休谟的变式在于他就人类的欲望和动机给出了一番更加精妙的论述。

善且利他,那么利他性的潜质必定是与生俱来且货真价实的。休谟称,所有这一切都必然与霍布斯所说的,我们只有关心自己的能力的自私假设相悖。

我们今天之所以用"理性"一词表示与"善意"相对的"自利",难道没有一个很好的理由吗?(休谟会被这种用法逗笑,而且很可能会用它来取笑道德理性论者)正如伊拉斯谟在《愚人颂》中指出的,以基督教的方式为他人牺牲我的快乐,就是不理性的。所以,友善和慷慨为什么,以及如何能够有足够的诱惑力去说服我如此做呢?为什么我在美德中获得的快乐,足以胜过我对于快乐本身的渴求?为什么我对于道德认可的感觉,对我而言应该比我对快乐的感觉更加重要呢?休谟假定,理性或情感促使我们放弃自身利益,这在事实上是站不住脚的,那么这难道不是过于乐观了吗?

伊拉斯谟指出,为他人牺牲自己的快乐是不理性的,所以我们一向是如何做到说服人们这样做的呢?

同情

休谟愉快地承认了这个问题:对我而言,即使挠痒痒会带来世界毁灭，我也没有理由不挠。反言之，我也没有任何理由不满足一个印度人最小的念想，即使这需要我付出令自己彻底毁灭的代价（休谟常常举印度和中国为例，指代那些遥远到他不可触及的国家）。

休谟的修辞颇为夸张。此处的"理由"与他有时候所见的那种顺利和容易的生存本能相差远甚，但是他在自己的道德哲学中始终固执地认定，理性是"无能的"，除了向我们展示出达成我们欲望的最有效工具之外，别无他用。据他所言，这种工具——自然，是健康非理性的自然。他说，在我们的情感库中，有某种可以解释我们如何能够在没有逻辑的前提下从"是"走向"应当"的东西——同情。

你可能认为他通过引入同情来提出问题，可正当他需要解释道德特质如何存在的时候，他却依赖于一种道德特质。因而不知不觉间，以他自己谴责的那种方式从"是什么"走向"应当如何"。当时他并没有像感伤主义者那样，认为人类天生是善的。休谟的"同情"不是指"怜悯"，而是指一种典型的休谟式心理机制，这种机制提供了怜悯的可能，只是在想象之力的作用下，把一种观念转化成为一

像琴弦紧绷的小提琴一样，我们被预设为会对他人的情感产生共振。

种印象。像乐器那紧绷的琴弦一样，我们被预先设定为会与他人的情感产生共振。关于某人哭泣的印象，我会自动把自己的思绪转移到她悲伤的原因上，然后我在一种情绪的传染下感同身受。

因此，没有人可以对他人的幸福与不幸绝对漠然。观察他人的表情时，会在我们的胸中激发一种快乐或不适的同情心理。比如，我们会为口吃者感到难过，同时也会出于一种对健全者[1]的"精巧微妙的同情"，而喜欢看到健康的精力饱满的人的那种轻松无拘无束的姿态。不论我们多么自私，也绝不会想到用踩踏别人患了痛风的脚趾的方式，躲避不舒适的鹅卵石。当然，除非他是你的敌人。

如此说，同情本身不是道德，它只是引出了道德，是道德

休谟和神经科学

神经科学家已经为休谟的"拨琴"隐喻理论找到了一种神经上的关联，他们将其称为"镜像"神经元。当实验对象观看人们遭受折磨的视频时，他们被激活的脑区与他们自己遭受折磨时所激活的脑区是同一片区域。但是，科学上的确证是流于表面的。休谟指出，虽然我们对自身幸福的关怀是至关重要的，但是，在同等条件下，我们更希望他人也同样快乐。这个观点无疑是正确的。

---

[1] 指持有泛指的好东西的人，包括健康、精力、财富。——译者注

区分的主要来源。它是一个能够把我们从"是什么"走向"应当如何"、从观察升为行动的机制,反观理性却做不到这一点。理想地说,同情把我们带出离自己之外很远的地方,因他人的品格,致使我们产生同样的快乐或不适,仿佛他们有一种倾向于我们自己的得失似的。理性对于行动和情感没有影响,它是有"惰性的",必须由欲望激活。因而道德更适宜被感觉,而不是被判断。或者不如说,如果运气好的话,我们的判断,是与感觉适当地融合在一起的。

休谟不仅反对与他同时代的,认为道德是一种纯粹理性之物的人,也反对柏拉图的观点。柏拉图认为,人只需要理解什么是对的,因为无人有意作恶。休谟则认为,知道美德是一回事,使意志顺从美德是另外一回事。休谟的这个说法让人很难不同意,相对更具争议的是他的这句名言:理性是,且应当只是感情的奴隶,除了顺从和服务感情之外,再不能有任何其他的功能。

道德公平——理性与"公正的观察者"

正是基于休谟书写了"同情"与"感觉"的文本,情感主义者和主观论者才把他引为自己的同道。但事实上,休谟实在过于机敏明智,因而认为道德陈述仅仅是情感的表达或袒露。若果真如此,那么如何才能解释,它们自称所承的重量不只是为了制定它们的人,还为了每一个人呢?它们如何才能(如其所是)越过直接的同理心,呼吁并表达一个客观而恳切的要求呢?情感主义和规定主义只说明了包含在道德陈词中的情感,

> **热情**
>
> "热情"一词在 18 世纪泛指一般的情感，并不像如今一样单指剧烈的感觉。实际上，休谟曾明确表示与"暴力"相反的"宁静"的热情，常常因为太过平静而被误以为是"推理"。

以及它把说话者的品位强加于他人的企图，但是并没有解释它们以及它们的听众为什么会认为它们提出这一不公平的要求，具有潜在的正当性。为此休谟做出了一个重要的区分：

当一个人把另一个人指定为他的敌人、他的对手、他的对抗者、他的敌手时，他被理解为在使用利己的语言，表达他自己在特定情境下的特有情感。但是当他用恶毒、可憎或堕落来修饰

我们的同情常常与那些最亲近我们的人合拍——即使是希特勒，也爱他的狗。

一个人时,他就是在说另一种语言,并在表达一种他期望所有听者都能赞同的情感。因此,在此他必须脱离他自己的特定境遇,必须选择一种自己与他人共享的视角。他必须移动人类框架中的某些普世法则,来拨动一根全人类都与之交响共鸣的琴弦。

休谟意识到,同情的琴弦并不与普世的交响乐合拍,因为我们的感觉都是局部化的。我们的同情常常弱于我们的自我关怀,而且相比于家人和朋友,它在陌生人和距离较远的人身上也更微弱,可以简单地等同于令人分心的感伤。希特勒曾在听到雷哈尔的音乐时落泪,希姆莱[1]曾下令禁猎。

公共利益与我们毫不相关,除非同情让我们对其产生兴趣,但它并不会自动如此。休谟引入理性来解释道德范围宽广的公平性。他说,理性可以调整因为离我们近,所以显大之物,和距离我们远,所以显小之物的比例,以此拓展我们有限的慷慨和局限的想象。因此,我们借反思以矫正表象,得以抵消自身的利益与偏见,形成某种普遍的不可改的标准,并用它来判断道德价值,以普世抽象的观点校正内心的观点。同时,休谟还在他的道德武器库

休谟借用亚当·斯密的"公正的观察者"观念解答我们应该和不应该做什么的问题。

---

1 纳粹德国法西斯战犯。——编者注

中加入了从亚当·斯密那里借来的"公正的观察者"。我们经常且应当令我们的感觉顺应由一位"公正的观察者"判断合适的样子。休谟乐观地宣称，理性与情感在几乎所有的道德决定和结论中不谋而合。

"人为美德"

休谟还在"自然之德"、"自私美德"（于情感宽松）与"人为美德"之间做了区分。后者通过诡计或计谋的方式产生快乐和认同，这种美德来自于人类的境遇和需求——是一种由社会外加给自然的内在同情机制。例如，在任何一个可以充分满足所有居民的需求的社会里，正义都并非必要，但是在所有已知的社会里，正义都有公开的用途。正义的动机过于"崇高"，以至于绝大多数的人都不会受到其影响，而且我们也不会赞同每一桩正义之事。这远非如此：一个人的正义行为可能会与我们自身的利益或我们子孙的利益发生冲突，或者一个人的正义行为也可能看起来过于严苛。但是从总体上说，我们认同作为一个完整系统的正义。一旦有一个正义系统就位，服从正义法则的的荣誉感和责任感就会自然且自主地发生，同时也会借助惩处、刑罚和关注孩子的教养等进一步的计谋而"与日俱增"。尽管正义是人为的，但是它的道德感却是（或者变成了）自然的。

休谟把信守诺言纳入了人为美德的范畴。他将其称为可以想象的最为神秘和不可理喻的操作之一，因为它完全改变了一个外部客体的本性，甚至是一个人类生物的本性。他开玩笑说：这简直像是"体变"（transubstantiation）。在许诺时，我们不是在描述我们的感觉,而是在创造一个承诺。说出口的那些话作用于我们的意志,变幻出一份责任。

由此,人为美德给自然的热情指出了一个新的方向,并让我们懂得,与草率冲动行为相比,我们通过一种间接的、人为的方式,可以更好地满足自己的欲求。

反对意见(对前文附带提过的内容进行补充)

1. 所有这些花样繁多的道德论述,能全部组合在一起吗?即便分开来看,它们的有效性又有多高呢?他自己对于是与应当的态度不就是模棱两可的吗?

2. 有时候,勇气在本可以更彻底地进行怀疑的地方,采取了可描述的策略。勇气假定我们偏爱某些特定特质的先入之见,是与生俱来的。他仿佛常常在说,所有人类都有跨越时空的相似性(你想知道古希腊人和古罗马人的情感、意愿和生命历程吗?只要好好研究一下法国人和英国人的脾性和行为就行了),而且(几乎跟他的唯理论对手所做的一样)道德是恒久和普世的。话说回来,他的确为道德论证的转移留出了余地,而且他还承认,被算作美德的东西可以变化——罗马人唯勇气至上,可如今在基督教的影响下仁爱已经超越了勇气。

3. 如果被算作美德的东西就是使我们愉悦之物,那么他如何在美德与令人愉悦的中性特质之间做出区分呢?比如风趣、美和财富。在某种程度上,他宁愿不做区分。他指出,宗教把道德置于与民法相同的地位之上,从而使我们(生活在18世纪的人）不再像"古人"，转而赞扬以牺牲愉悦这种毫不费力的馈赠为代价的，刻意修炼的克己。对此休谟表示反对。他说自己将避免使用"恶"与"德行"这两个术语（虽然勇气并没有回避），把风趣和美视为善，而把贫瘠和不幸视为道德上的恶。

4. 但只要坚持认为，个人优点完全基于特质对于拥有这些特质的个人及与此人有任何交往的他人的有用性或相宜性上，那么他可能就太过审美倾向或冷酷无情了。因为他触怒了我们同时代的道德，也触犯了他自己令人信服的同情理念和他想要将我们从自身利益引向（并解释我们如何走向）公正认同的热望。尽管如此，他通过颂扬为尼采所钟爱的活力十足的古希腊道德，还是对他所处时代基督教道德的无趣和狭隘进行了纠偏。

5. 虽然休谟说，能动者的动机是我们表扬和责备的对象，但是他似乎对行动和行动的结果更加关心。但这并不完全是由他的审美化道德造成的。同今天的美德伦理学一样，他也强调作为整体的品格、道德训练和可持久的心灵原则。

6. 不论是休谟解释我们道德动机的机械论方式，还是他称经验表明我们拥有动机的断言，都不是十分令人满意。我们以实际占有的方式拥有这种有限的同情的原因到底是什么呢？

休谟依赖感觉，而感觉可能并不是现成的。他总是在说，我们不可避免的感觉——但真的是这样吗？——而且只有像尼禄那样的堕落者和那些冷酷麻木或狭隘自私者才不具备"同情"。但是有多少人是堕落和麻木的呢？休谟说，尼禄因阿谀奉承和他异常的身份而被扭曲，但是按照同样的道理，我们所有人都在成长中受到过影响。同情和随之而来的美德，更多的也许是社会因素的结果,而非休谟所认为的那样,主要是我们人类构成的一部分。他的道德哲学是说给同他一样和善文明、品格正直、镜像神经元功能完好的人听的。但是其他人呢?

7. 即便休谟的道德论作为对于道德如何建立并发展的一种解释,而在更广泛的层面上成立,那么它也解释不了道德准则在不同文化及个体之间差异。事实上,它依赖的是一种特定的情感同步性,没有这种同步性,道德将沦落为任性与主观——而这种沦落在某种程度上正是休谟的遗产。

◎ **要点总结：**

- 休谟为道德思想家指出了一个致命的问题：他们在写作中仿佛认为我们应当做的事情可以从世界存在的方式中推断出来，但其实这是不能的。
- 休谟在回答是什么促使我们认定道德价值这一问题时提出，我们天然拥有一种道德感，可以感知并感觉到什么是好、什么是坏。
- 休谟说，一种对于幸福的欲望和远离痛苦的反感，提供了普世性的动机。
- 作为解释我们如何从渴望个人幸福走向渴望普遍幸福的一种方式，他说，我们具有"同情"——在同等条件下更希望我们身边的人幸福舒适且没有烦恼的一种天然倾向。
- 休谟还让我们想象一位观察我们的行动的"公正的观察者"。
- 休谟说，理性有助于把自然的东西转化成人为美德，比如正义。
- 休谟把道德的个人性与情感性的一面和理性与普世性的一面搅在了一起。

第 8 课

自然使人善良、幸福
让-雅克·卢梭

卢梭是一名流浪者和独行侠。他是反启蒙运动的代表人物，推翻了启蒙主义而转入浪漫主义。人们常常形容他是"高贵的野蛮人"。其实他本人从来没有使用过这一说法，但他确实引发了原始主义的风尚，也相应地挑起了对于文明和智慧的怀疑。他似乎有一种不祥的预感，即自然将很快被人类驯服，并遭到迫害。"我斗胆宣告，思考的状态是一种与自然相悖的状态。而一个进行思考的人，就是一只堕落的动物。"他如此写道。

荒野充满威胁且不为人所爱。长久以来，人类把荒野弃之门外，并努力将其征服。即使在 17 世纪，乘马车出行的旅行者也会在穿过德比郡谷地时拉下窗帘，以免看到"自然界的阴部"——那些畸形的峭壁和石块。但是，到了 19 世纪早期，这些窗帘则被纷纷卷起。那时工业革命在启蒙运动期间已经拉开帷幕，由于康德的"崇高"与卢梭的"孤独漫步者"的缘故，

宇宙的尽头是哲学

卢梭是一个局外人和反启蒙运动的代表人物，反启蒙运动标志着浪漫主义运动的开端。

大自然如今已经是被渴望和尊敬的对象。浪漫主义者纷纷涌向那些尚存的最荒芜的乡野之地。

自然使人幸福而善良

人们有时会把卢梭与弗洛伊德并举。弗洛伊德发现了可怕的潜在冲动，而文明是对其必要的约束，虽然这约束可能会令人惋惜。卢梭则断言，不论是在人类的历史上还是人们的童年时代，自然的状态，都是无邪、温良的，且几乎不受情感的制约。他坚定地认为：自然使人幸福而善良，是社会剥夺了这一

卢梭在加尔文宗主导的日内瓦市长大，尽管没有接受过正规的教育，但是通过古典阅读学到很多。

切,才让人们变得悲惨可怜。但是,有关社会出现的必然性和不幸程度,他的说法并不统一。

除了哲学以外,卢梭的写作还涉及政治学、人类学、教育、音乐、经济和植物学。他影响过差异很大的哲学家,如康德和马克思,还启发了教育理论和一系列政治观点——社会主义、自由主义、极权主义、民族主义。波兰的民族主义者和科西嘉叛军都曾请卢梭为他们谋划的独立政府起草新宪法。法国的革命者会把卢梭引为同道。卢梭的政治哲学很难解读,而且更难实施,其中"普遍意志"的观念尤其难解。

虽然卢梭痛批艺术对公共道德的腐蚀,却也创作戏剧。他曾写过世纪内最畅销的小说《朱丽》,又名《新爱洛依丝》,还编创过一支芭蕾舞和几部歌剧。其中,他的轻歌剧《乡村卜师》深受蓬帕杜夫人的喜爱,曾在未来国王路易十六和玛丽·安托瓦内特的婚礼上演出。卢梭的自传《忏悔录》(在他死后出版)是一项前无古人的事业,意在展示一个人的全部真实面目。这本自传开创了一种全新的真诚坦白的风尚,影响持久绵长。

仆人卢梭

有一件卢梭一直引以为耻的离奇古怪且莫名其妙的小事,那就是,当他在一个大户人家里做仆人的时候,他偷过一条价值不菲的丝带。有人发现失窃时,他把这件事嫁祸给了一个漂亮的(很吸引他的)女厨子,结果女厨子就被开除了。

让-雅克·卢梭生于1712年6月28日，是加尔文宗主导的日内瓦市内一名钟表匠的儿子。他的母亲出自书香门第，在生下他几天后就去世了，给他留下了大量的藏书。卢梭在他父亲工作的时候，会为父亲大声朗读，虽然他没有接受过正规的教育，但却借此养成了一种"声音的品位"。普鲁塔克的《希腊罗马名人传》激发了他对斯巴达和共和制的热爱。当他的父亲为了躲避追捕而逃亡日内瓦时，十岁的卢梭在一个乡村牧师和他的姐姐家里寄宿了两年。牧师姐姐时不时的惩戒，让他形成或者意识到了一种喜欢被打屁股的癖好（但是当时还没有命名）。他在《忏悔录》中对此有过讨论。

卢梭在十六岁时给日内瓦的一名雕刻匠做学徒，有一天出门漫步晚归，发现城门关闭，便逃跑了。他在青年时代游荡于瑞士和法国各地，遇到机会就打一份零工（做过仆人、秘书、家庭教师、音乐老师和乐谱抄写员），他一面讨好自己的赞助者，一面对他们满心厌憎。他不但与启蒙色彩饱满的城市文明格格不入，而且几乎同他交过的每一个朋友都反目成仇。

华伦夫人是他的第一位赞助人，二人的赞助关系时断时续。华伦夫人督促他皈依了天主教（他甚至开始接受成为一名牧师的训练），并鼓励他阅读。华伦夫人比卢梭年长十二岁，她就像卢梭的妈妈一样，而卢梭则是她的"小家伙"——即使在卢梭成为华伦夫人的情人之后，亦是如此。1740年，卢梭结识了孔狄亚克和达朗贝尔，他们都是重要的启蒙主义人物。后来，他又结交了狄德罗，二人在命中注定的分崩前，成为了亲密无间的挚友，他还给狄德罗的《百科全书》撰写音乐方面的一些词条。

华伦夫人是卢梭的第一位赞助人,对卢梭的一生产生了重大的影响。

1749年,狄德罗因为发表离经叛道的观点被捕,关押在了文森城堡的监狱里。卢梭在前往探视他的路上,看到了一则征文海报,征文题目是《论艺术与科学的复兴是否促进了道德进步》。他当下灵感迸发,成为一个几乎不顾自我的作者。他凭借《论科学与艺术》一文赢得了奖金,随即声名鹊起。宽仁的贵族接踵而至,为他提供了一系列条件优越的居所,接下来的十二年间,他在这些地方笔耕不辍,写出了自己最好的作品。他后来咬牙切齿地写到,自己所有的不幸,都起源于走在去温森城堡的路上那一疯狂的瞬间。

1745年,卢梭已经结识了黛莱丝·勒瓦瑟。她是一个几乎目不识丁的女仆,是卢梭的情人,最终成为他的妻子,直到他逝世。来家里拜访的人总以为她是女管家,痛恨不平等的卢梭似乎也如此待她,而且他也毫无顾忌地与出身高贵的夫人们发展浪漫的关系,苏菲·杜德托就是其中之一,显然她也是卢梭真心爱过的唯一女性。每当黛莱丝生下一个孩子(一共生了五个孩子),卢梭就会立即把孩子送去弃婴育儿院。伏尔泰曾在一本匿名的小册子里愤怒地揭露过这一事实。

1754年，卢梭重皈加尔文宗，并恢复了日内瓦公民的身份，但他最终还是丢弃了自己对出生地强烈表白过的爱意。他的《社会契约论》和《爱弥儿》（同出版于1762年）正是在此地，如同在巴黎一样被禁、被焚，而且日内瓦当局还下令对他展开抓捕。他逃离日内瓦，暂居法国的维耶莫蒂埃。他在维耶莫蒂埃的房子被人投掷石头，只能再度逃离。休谟为他在英格兰提供了一处避难所，但是没过多久，卢梭就确信休谟参与了一场反对他的阴谋，而且不管他走到哪里，都对这个阴谋疑神疑鬼。他与之前的朋友们和启蒙运动的主流渐行渐远，为了逃避迫害不停地搬家，最终在1778年因中风去世，遗体藏于一位朋友在

人们把"高贵的野蛮人"这一观念的创造归功于卢梭，这个观念一直被用来批评当今的欧洲社会。

小岛上的花园里。1794年,在法国大革命后的恐怖时期,革命者在一场胜利游行中,携着《社会契约论》的副本,把他的遗体抬入了巴黎的先贤祠中。

论艺术和科学

当卢梭看到那则第戎论文竞赛的告示时,他突然间头晕目眩,灵感满溢。后来他说,要是他能把自己躺在一棵橡树下颤抖时所见和所感写下一小部分就好了,那样的话,他就能揭示社会制度的一切矛盾与毛病,并能说明人类何以生而为善,而且他们之所以变坏,都是由社会制度造成。他此后所有的书写,不管如何前后矛盾,都是从那次启示中得来。

科学和艺术的复兴是否为净化道德做出了贡献,是第戎科学院的征文主题。卢梭的回答,乍一看似乎是在颂赞欧洲的启蒙运动。他说,启蒙运动的源头来自最意想不到的群体:愚蠢的穆斯林、永恒的文化苦主,他们攻占了君士坦丁堡,却促成了对柏拉图、亚里士多德和来自古希腊的其他"遗物"的再发现。但是随后卢梭便与他的启蒙主义朋友们划清了界限。他说,艺术与科学复兴的作用是在人们背负的铁链上散布花环,扼杀了人们天生的自由意识,让他们爱上自己的奴隶身份。启蒙运动带来的自吹自擂的城市文明腐蚀了自然而淳朴的道德。它教导我们的情感用陈词滥调讲话,从而让人们变得好斗、虚伪、奸诈。艺术是从闲散中产生的,反过头来又产生闲散,它提倡浪费时间、过度奢侈和堕落、挥霍无度的精力、军事美德和对祖国的热爱。正是它毁了埃及、希腊、罗马、君士坦丁堡和中国，也将毁了我们。美洲的野蛮人赤身裸体地四处行走，只依靠打猎的成果维生，相比之下，他们已经被证明无法驯服。

今天的读者读卢梭的第一篇论文时，可能会为其中左翼与右翼立场的杂糅而感到困惑，它混杂了在今天会被描述为政治正确或不正确的观点。卢梭竟能同时归于自由主义、社会主义和反动主义。但是，这些读者不应该忘记，说到底，这些范畴的发明在很大程度上正是拜他所赐。

论不平等

人类之间不平等的起源是什么，以及它是否由自然法则认定是卢梭写作第二篇论文时的征文主题——这次它没有获奖。他诊断出两种类型的不平等——自然的或物理的类型，道德的或政治的类型。同时，为了解释第二种类型的来源，他对社会出现之前的人性可能的样子进行了想象。"野蛮人"他说，首先局限于单纯的感官知觉，其次缺乏一种智力。他可以在宇宙中识别出来的好东西，就只有事物、女人和睡眠。他唯一惧怕的恶，就是饥饿和疼痛。因为除了"pitié"（一种和休谟的同情相似的本能）以外，他具备的情感如此之少，又如此"不活跃"，同时他也缺乏道德责任，所以他对于战争和所有的约束都同等陌生，并将浑然不觉地生活在和平与无邪之中。

卢梭是原达尔文主义者。在他的想象里，原始人类实际上就是动物中的一种，比一些动物更弱小、更迟钝，但也能更好地组织在一起。但是他又有反进化论的一面，坚称自然的人不是群居动物。人类（他说）不是成群生活的，而是在森林中安

> **爱自己**
>
> 　　对自己的爱（Amour de soi）是对自己自然而本能的爱，它确保人类和动物的注意力放在生理需求和自我保护上。
>
> 　　自爱（Amour-propre）是具有社会性和人为性的对自己的爱，它依赖并渴求得到他人的尊重，并具有竞争性。

宁地独自漫步，极少在同一个地方睡上两晚。他们默不作声地完成性交，然后带着同一份漠然分道扬镳。对于享受多配偶之乐的自然男性而言，每个女人都同等地满足了他的目的。女人喂养她们的孩子，而孩子一旦长得足够强壮，可以独立觅食，便会离开他们的母亲，彼此不再相见，当偶然遇见时也无法认出对方。

在这片森林伊甸园里，不论是善还是恶都不可能发生。而当人类开始抛弃他们的原始野性时，就代表他们不再是完全的感官动物。他们发展出一种思考行为，而人性的毁灭也就开始了。

洛克说过，财产所有权在文明社会出现之前就已然存在。但是卢梭口中与堕落（偷食禁果）相对应的事件，不是发生在人类被从一个花园中驱赶出来的时刻，而是当某个人首次圈起一块土地，并说服他人这块地归他所有时。但凡当初有人拔掉围栏或填满沟渠，并向他的同伴呼喊："千万别听这个骗子的话。你一旦忘记大地上的果实属于我们所有人，而大地本身不属于任何人，那你就完了。"卢梭说，如此人类就能挽回很多犯

> 没有什么东西比处于原始状态的人更加优雅了,他们在自然中所处的位置,与暴君的愚昧和文明人致命的虚伪拉开了同等的距离。
>
> ——卢梭,《论人类不平等的起源和基础》

罪、战争、谋杀、恐怖和不幸。

私有财产一旦出现,人们就形成了家庭和群体。他们发展出了农业和冶金术,从而创造出用来唱歌和舞蹈的空闲时间,还开始竞争谁更英俊、强壮、灵活或优雅。制造区分和评价是通向不平等的第一步。自我保存的对自己的爱变成了自我审视的自爱。人人都认为自己有被人尊重的权利,而对尊重的渴望孕生了自我意识、感情、欺骗、竞争、情绪和人为需求。狡猾而强大的人设计出社会契约这种骗术,用以蒙蔽那些闷头扎入枷锁之中的人。

第二篇论文还有一个别称,叫反文明论。卢梭在开篇和结尾处都表现出一种痛惜的语调——自然的人被扭曲了,就像格劳克斯的雕像一样,被时间、海水和风暴侵蚀变形,如今看起来已经更像是一头野兽,而不像是一位神明了。但是他也承认,要想恰如其分地区分出原始之物与人为之物,或者分辨出与人类艺术相对的神性意志的影响有多大,是一件很困难的事。

大多数学者都坚持认为,卢梭并没有鼓吹一种对于野性的回归,但是第二篇论文的附录却劝告读者退回丛林,并摒弃对你的种族进行的启蒙,从而摒弃它的罪愆。

《社会契约论》

《社会契约论》的第一章有一个著名开篇：人生而自由，却无往不在枷锁之中。但这一句话就已经发生了歧义。生而（Est né）的意思既可以指从来天生，也可以指曾经生来。卢梭可能是说，人类（同原罪一样）曾经生来自由，但是如今已经在枷锁之中；也可能是说，奴役是在每一个人出生之后重新发生的事件。不管是哪种意思，他都接着提出了这样两个问题：自由是（或曾是）如何遗失的？这种遗失如何能够获得合法性？前一个问题，他说自己不知道答案。后一个问题，他认为自己可以回答。

卢梭在第二篇论文中似乎渴求一种自然的状态，并认定社会契约是一场骗局。与之不同的是，他在此处说，人类必定是到达了历史的某一个阶段，生存遇到的障碍已经超出了依靠个体力量所能承受的强度。除非形成一种社会契约，否则人类就

> 伏尔泰在收到《论人类不平等的起源和基础》时写道："我已经收到了您反对人类种族的新书，而我对此表示感激。还从来没有人把如此的聪明的想法，用在让我们所有人都变得愚蠢的设计之上。人们读了您的书，会渴望用四足行走。但是我在六十多年前就丢掉了这个习惯，因而不可能为重拾这一习惯而感到难过。我也不能动身去追寻加拿大的野蛮人，因为我遭受的疾病让我离不开一位欧洲的外科医生；因为战争正在那些地区打响；还因为我们的行为的示范，已经让那些野蛮人近乎与我们自己一样坏了。"
>
> ——伏尔泰，《致卢梭的信》，1762年

将灭亡。他试图求解出最优的、最正当的社会约束形式。在这种约束中，一个人的付出与回报是一致的，甚至自己的既有权利还得到了更多的保护，如此，他在与所有人联合的同时，仍然可以按照自己的意愿不用听命于他人，就像以前一样可以保持自由。

卢梭想要由社会契约创造的"公民共同体"强力地凝聚在一起。他比洛克的诉求更强，可能比霍布斯稍弱。在霍布斯看来，凝聚之所以达成，是因为主权者作为一种威慑性的力量，统御了千差万别的个体。相反，在卢梭看来，当主权者承担一种主动的角色时（它的被动形态是国家，而它只有当人民聚集在一起的时候，才能采取行动），主权者就是人民。每一个人的自身都是绝对完整和独立的，他们被转化为一个更大集体的一部分，成为一个带有集体意志的单个身体。这种"公意"不是个体欲望的总和，不能通过投票的方式武断地决定。它是我们所有人联合在一起真正想要的东西，即便我们并不总能认清那是什么。法律只能是公意的真实行为，导向的是对于普遍幸福的共同保护，而且它是永远不变的、不可腐蚀的和纯粹的。

卢梭的国家里有投票制度，但是每个人的投票都不应基于他们是否同意某个提案，而是看这个提案是否与公意相符。如果与我观点相反的意见胜出，这只能说明我犯了一个错误，还说明我所认为的公意并非如此。

这种说法之所以听起来仿佛含有极权主义的预兆，有一部分是历史的缘故——公意后来成了法国大革命的一个标语，而罗伯斯庇尔在发布处决令时则会引用《社会契约论》中的段落。

尽管如此，不论其弦外之音，卢梭有一点是正确的，即不管在哪一个国家，不管多么自由，民众不管乐意与否，都必须服从法律。但是，在一个自由的国度，公民可以对法律发起抗议；而卢梭宣称，如果有必要的话，持异见者应被强迫自由。其他人比你更清楚自由是什么（而且很可能也更明白幸福的正确样子）。不知何故，且以一种相当不可名状的方式，主权，仅凭它是主权这一事实，便总是其应是的全部样子。

根据卢梭的看法，不存在一种对于所有国家都是最优的政府形式，但如果由法律进行统治，那么每个国家都可以算作一个共和国。他怀疑民主制是否真的存在过，并认为它会引发内战。但是，在一个非常小的国家，民主制可能是行得通的。因为君主制虽然有时适合大的国家，但是它也为专断不公和权力滥用打开了大门。贵族统治是让最明智的人成为大多数人的治理者，这是最好的、最自然的安排，可前提是他们的统治是为了国家的利益，而不是为了他们自己。他支持由共同目标和一种国家主义情感联合而成的小型国家，这与某些启蒙思想家主张的普世主义大相径庭，而且如果卢梭活到今天，几乎肯定会

康德和卢梭

伊曼努尔·康德作为人权思想的发源者之一，竟是一名卢梭的热忱仰慕者，这似乎有些奇怪。康德的绝对命令精妙地复述了卢梭的悖论，即真正的自由在于服从由你亲手拟定的法律。

反对全球主义和多元文化主义。

前文说过，法律可以根据它们所绑定的国家类型发生改变，但是对于那些质疑或篡改公意的人，卢梭更偏向流放或死刑，不管这公意究竟如何。施加这种处罚就是剥夺你作为这个国家的一员的身份。你将作为敌人而不是公民被屠杀。

私下里，公民们可以由其所好地信奉形形色色的宗教信条，但是他们必须持有且公开信奉新创的公民宗教简洁而稀少的教义。这些教义禁止不宽容（除了对那些不可被信任的无神论者之外），肯定了上帝和来生的存在，规定了正义的人将会得到幸福而邪恶的人会被施以惩罚，确定社会契约和国家是神圣而不可侵犯的。由此，对于神的崇拜会受到对于法律的热爱的制约，而祖国也被打造成一个爱慕的对象。正是由于有了卢梭的社会契约，人（据卢梭说）才会失去他的自然自由，而获得道德自由。伯特兰·罗素在20世纪写道："希特勒是卢梭的产物，罗斯福和丘吉尔则是洛克的作品。"

财产和自由

卢梭的第二篇论文是仇富的最初源头。然而，他在《社会契约论》中却认可了财产的私有，只要它是基于法律的所有权，而不是基于暴力或先来者的权利。说到最后，私有财产的合法权利是人类通过社会契约而获得的，他同时获得的还有公民的自由。

尽管卢梭持有自由论的观点,但他却不怎么看好民主制,认为民主只在非常小的国家里才行得通。

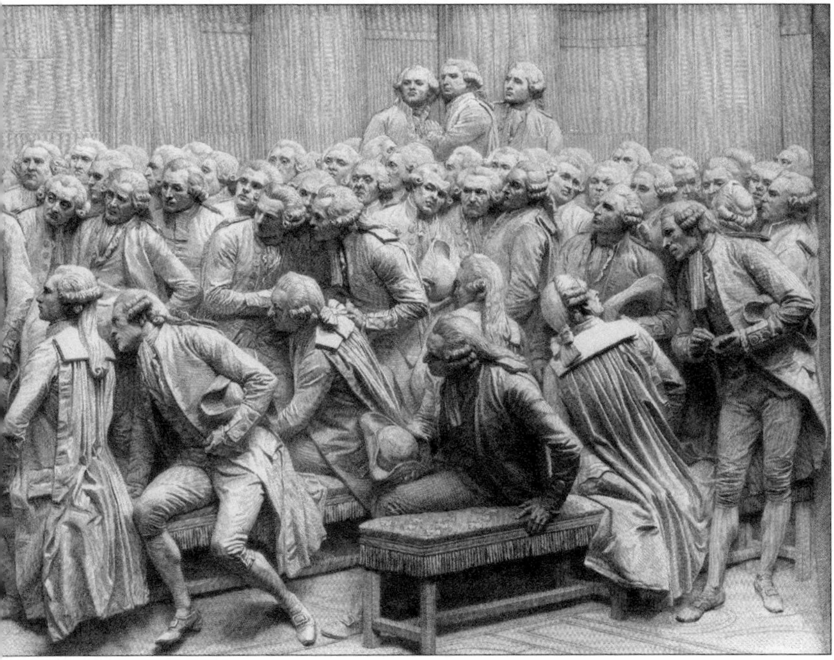

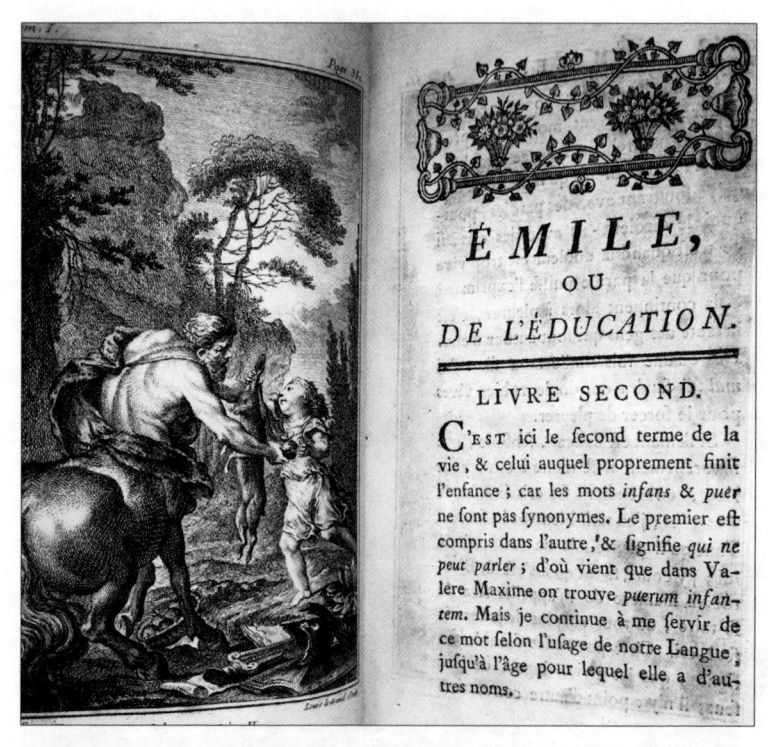

卢梭在《爱弥儿》中详尽地阐发了他的教育思想。

《爱弥儿——论教育》

出自造物主之手的东西，都是好的。但一到了人的手里，就全变坏了。如果一个人没有读过卢梭，那么当他读到《爱弥儿》第一章的第一句话时，可能会以为卢梭遵循的是基督教的"堕落"传统，即神性的善被人类的罪恶中伤。但是卢梭相信的东西恰恰相反。与其说婴儿出生时即负有原罪，不如说人类的内心没有原初的恶。他说，成年人的恶，无一不可追溯到它被卢梭是一个斯巴达的崇拜者,他认为,学会如何承受疼痛和疲劳,是儿童教育的重要组成部分。

植入原本天真无辜的婴孩内心的那个时刻。启蒙主义的幸福与进步理念引发了儿童抚养和教育的理论化,就连持有极端自由观念的洛克也认为,没有任何孩子是如此纯净的一块白板,足以让他们不需要接受一种不情愿的品德训练。卢梭宣称,童年是未知的。他几乎凭一己之力发明了童年,并创造了"童真"的概念。

可是,卢梭的教育体系听起来却很是艰苦。他崇拜斯巴达人,强

> **苏菲**
>
> 卢梭曾动笔为《爱弥儿》书写一部续篇:《爱弥儿和苏菲》。其中,苏菲和爱弥儿在度过最初的幸福日子之后,苏菲不忠出轨,爱弥儿沦为了阿尔及利亚王子的奴隶。据某些材料显示,卢梭有意让他们日后重归于好,但很可能爱弥儿已经娶了第二任妻子。最后,这本小说并未完成。

烈反对溺爱孩子,强调自然强化,认为孩子可以学会忍受疼痛与疲劳。虽然声称自然的第一次冲动总是对的,这是一个无可辩驳的公理,但是这常常听起来像是在说,在这种叙述与劝勉的混合下的代表性儿童,就是卢梭的(存疑的)理想国家最早引入的居民。卢梭说,在公民社会中,任何一个想要维护自然感觉首要地位的人,都将徒劳无功,因为他总是在他的天然倾向和应尽义务之间犹疑不决。他不知道自己想要什么——想必也没有关于"公意"的正确认识。

卢梭动笔写作《爱弥儿》,是为了满足一位懂得如何思考的好母亲的需要。《爱弥儿》从最初的一本小册子,扩展成为一部五卷本的小说兼教育指南。卢梭说,没有人比他更愿意看到孩子们嬉戏玩耍。他弃养了自己所有的孩子,于是觉得自己有权给"好母亲"制定规则,说她的孩子应由母乳喂养,不应裹在襁褓之中,而是睡在一个大摇篮里。他还指任自己作为爱弥儿忠实的监护人,苦心孤诣地教导他,虽然卢梭本人总是看起来痛恨教育，但他在小说中采用了很多教育方法。爱弥儿应该且正是通过实践活动掌握了数学的测量计算（这是一条水流很急的小溪。我们怎么跨过它呢？院子里的一块木板能搭上小溪的两岸吗？）。但是，这个方法是为一个儿童设计的，而且还有一位无处不在的老师贴身指导，如果把这个方法应用到一整群不情愿的孩子身上，按理来说它的效果注定会适得其反。

虽然这场教育实验不可避免地选择了男性儿童，但在这部书的第五卷，也是最后一卷中，爱弥儿多了一位女性伙伴——苏菲。卢梭在早期的一篇文章说过，如果在管理、商业和艺术方面给女人更多的权利，那么她们很可能会胜过男人。在卢梭的第一篇论文里，他断言说，如果女性接受更好的教育，那么她们强于男性的自然力量就可以得到更好的指引。然而，他在《爱弥儿》一书中表示，对于抽象的思辨性真理的求索，超出了女性的能力范畴，而苏菲几乎完全没有接受任何教育。

女人是专为取悦男人而被造出来的，因此应当让女人自己取悦男人，而不是激怒男人。女人值得被尊敬，但这还不够，她还必须被尊重。当人类困入社会生活中时，会获得某些特质——奴性、自我意识、贪慕虚荣、情绪化——卢梭为此感到惋惜，但又认为这些正是女人天然具有的特质，而且他还劝女性培养这些特质。在卢梭看来，女人实际上似乎并不是"完全"的人类，而只是一种事后补充。把苏菲给到爱弥儿（亚当肋骨的回响），只是因为孑然单身对爱弥儿没有好处。因此苏菲像所有的小女孩一样，也不得不带着厌恶学习读写。相比读写，花几个小时的时间给她的洋娃娃换装，是一种只要求苏菲爱缝纫技巧的原始趣味。

在《爱弥儿》中,《萨瓦神父的信仰告白》这一段长篇大论要对《爱弥儿》被禁负最大的责任。这位虚构的神父(很可能是在表达卢梭自己的观点)同斯宾诺莎一样,也否认奇迹和宗教启示,并强烈反对不同信仰之间的不相宽容。但是他强烈地信仰(或者不如说我也可以感到)上帝,即主宰这个世界的智慧而有力的意志。他说,良知是灵魂的声音,永远也不会说谎。他想要顺从良知,反抗感官的帝国和身为帝国臣子的热情,成长为热爱正义与道德之美的人。

卢梭在基本感官和崇高精神之间做出这种标准的区分时,常被人指责前后不一致,但事实上,他的作品里贯穿了一条传统的保守脉络。卢梭在他的第二篇论文中显然更偏爱野蛮人那种无忧无虑且不加选择的"肉体之爱",而不看好把性的欲望钉在一个特定客体之上的"道德爱"。后者是自然倾向的束缚与法则,是一种虚假的感觉,由女人机巧地培育出来,用以提升她们控制她们本应服从的性的力量。女人开发出这种爱,完全是由于充满竞争性的自尊(amour propre)[1]不必要的兴起。但他同时也表现出对于性欲的厌恶感,他说,性欲并不是一种真实的需求,而只是一种宣称的需要,由"色情的客体"和"下流的观念"所激发,而如果没有这些,我们大概可以毫不费力地保持贞洁。有时候,他似乎是在心怀怨恨地重温华伦夫人对自己

---

[1] 指在社会关系中由比较而导向的对自我的偏爱。目前该词最常见的译法是自尊。——译者注

一个生长发育中的儿童,四肢应自由地在衣物中随意行动。不应该有任何东西妨碍他们的生长或行动。卢梭在《爱弥儿》中如此写道,这也是托马斯·庚斯博罗在《画家的女儿追蝴蝶》中展现出的一种理想。

的诱惑——很可能他自己并没有意识到。尽管卢梭极力否认,但是他自己并不比任何其他人更真实地了解他内心的感觉。

◎ 要点总结：

- 卢梭是一个混乱的、自相矛盾的思想家，但是他始终不渝地抨击腐败堕落，不管造成这种腐败的是艺术和科学、私有财产、竞争、社会、女人——还是启蒙运动。
- 《论科学与艺术》清算并惋惜了艺术的虚弱化影响，如何逐渐耗尽了人的自然精力。
- 《论人类不平等的起源和基础》为人类如何遗失他们最初良性的无道德状态，而成为有自我意识的、拥有财产的、有竞争性和不平等的人，提供了一种假设性的解释。卢梭说，第一个把地圈起来的人就是一个撒旦和夏娃的混合体。
- 在《社会契约论》中，卢梭断言，尽管有诸般限制，但社会却是不可避免的。他设法在个体自由的失与社会自由的得之间制定出一套最佳的折中方案。"公意"必须压倒一切，虽然如何把它辨认出来仍然是一个谜。
- 卢梭在他的大多数作品中，都坚持认为我们生而为善：任何一种在成年人身上可以观察到的恶，都只能是由社会后天植入的。
- 《爱弥儿》提出了一种教育儿童（男性）的最佳方式。他推荐在发现中学习。
- 在《忏悔录》中，卢梭着手呈现出自己的卑鄙龌龊、善良忠厚、道德高尚，他说："当时我是什么人，我就写成什么样。"由此开启了后世对真实性的推崇。

第 9 课

认识论和形而上学：形而上学是真正的哲学
伊曼努尔·康德

　　伊曼努尔·康德被多数人认定为是自柏拉图和亚里士多德以来最伟大的哲学家。他的哲学覆盖并勾连起形而上学、伦理学、美学、人类学、政治学和自然科学，对整个哲学世界产生了巨大的影响，直接影响了黑格尔、叔本华和德国唯心主义，同时对所有后继的认识论、形而上学、伦理学（实践及理论层面）和美学也都影响颇深。

　　康德的"哥白尼式的革命"，把形而上学从它深陷的怀疑论泥淖中拯救了出来。科学发现和笛卡尔"机械哲学"的多方面进展，都揭示出了一个几乎无法容纳自由意志、灵魂和上帝确定性的世界，或者甚至连被感知到的可能性都不能包容。康德把这个问题扭转了过来，为了让知识的存在成为可能，他主张我们的感知和思考必须先于经验被结构化，于是他着力研究这种认知结构，这对于我们获得任何知识而言，都是一个必要条件。

康德的哲学覆盖了形而上学、伦理学、美学乃至政治学。

正如人的认识本身就是自然的立法者。根据康德的说法，我们有义务制定道德的法则。这些法则建立在纯粹实践理性的基础之上，不依赖于我们的欲望。检验一种行动是否被许可的标准，是看施动者是否准备好让除他之外的每一个人也做出这种行动。作为自由和法国大革命的支持者，康德强调我们都是一个道德共同体内的平等成员，而道德的基础是公正性与一致性。

康德的道德哲学还对政治哲学家产生了影响。康德曾是（在"自由"成为一个与资本主义的残酷同义的污名化词语前）自由传统的一个重镇。20世纪的美国哲学家约翰·罗尔斯曾发动我们在选定一个社会中的正义原则时，进行了一场康德式的思想实验：我们应想象从一层无知的面纱后面，把它们抽选出来，这层面纱遮住了我们将在这个社会中拥有的民族、性别、性或阶级，而且不会在意我们是否体格健壮、聪明过人或是魅力四射。

在康德的美学中，他讨论了崇高。这个概念源自1世纪的古罗马,指本性上广大而令人敬畏之物,与更温驯的"美"相对。对它充满威胁的悬崖峭壁、雷雨云、火山、无边无际的大海——它们在一个"未受过教育的人"(康德语)心中唤起的恐惧,可以被转化为一种对于我们道德自由的提醒。我们的"身体感性"有能力越过自身而望向无限,那里对它来说是一个深渊,因为它意识到,理性在我们的内部与外部主宰着自然,并非被自然压倒。康德的"崇高"和他对于自然的内化,对浪漫主义诗人和艺术家影响深远。拜伦就曾写道:"对于我 / 高山是一种感觉。"

康德的生平

康德生于1724年4月22日,是柯尼斯堡(今称加里宁格勒)城镇上一位马具师的儿子。他的家庭是狂热的虔信派(一个低教会派的新教分支),在一位有影响力的牧师的安排下,康德被送到一所严格的虔信派学校读书,但他对此深恶痛绝,这致使他在后半生再也没有进过教堂。十六岁时,康德考入柯尼斯堡大学,一面研习古典学、物理学和哲学,一边在私下里兼职教书。他不只要养活自己,还要养活他的兄弟姐妹。他的父亲在1746年去世时,几乎没有给他们留下一文钱。

康德没有拿到大学文凭,在二十四岁时离校成为一名私人家庭教师。七年后他又返回学校,提交了他的哲学论文。此后十五年间,他开设了地理学、气象学、天文学、物理学、人类学和数学等学科的公开讲座,担任过图书馆长,撰写了神学和

康德关于崇高的观念在浪漫派艺术中得到了表达。例如，图中卡斯帕尔·达维德·弗里德里希的《雾海上的流浪者》(*Wanderer above the Sea of Fog*，约 1818 年创作)。

哲学方面的论文，并在经历两次申请失败后，终于四十六岁时成为一名带薪教授。

同数学家一样，大多数哲学家都是在年轻的时候完成了他们最杰出的成果，但是康德在他的"前批判"阶段，并没有做很重要的工作。"我有幸成为形而上学的爱慕者，但是我的情人还没有给我太多青睐"，这是康德在四十二岁时写下的话。据他所言，直到他四十六岁读到休谟的论著时，才从自己"独断论的睡梦"中惊醒。在接下来的十一年里，他写就了具有重大革命性的《纯粹理性批判》，该书第一版于1781年出版，康德时年五十七岁。两年后，《未来形而上学导论》（《批判》的一个篇幅更短、更易理解的版本）问世，随后《道德形而上学基础》于1785年出版，《纯粹理性批判》的第二版出版于1787年，《实践理性批判》（道德哲学）出版于1788年，《判断力批判》（美学和神学）出版于1790年。

《单纯理性限度内的宗教》（1793年出版）遭到了国王弗雷德里克·威廉二世的申斥。康德曾写信给他，庄严地宣告他再也不会公开发表关于宗教的言论，但是当这位国王在几年后去世以后，康德就觉得他不再受这个诺言的约束了。康德直到七十四岁才停止教书，而后又写作了多篇论文和论著，其中包括《道德形而上学原理》（1797年出版）。该书是在他生命最后六年的心智衰退前写成的。

康德从来没有迈出过柯尼斯堡周围数英里之内的范围，尽管他也教地理学，但是他几乎肯定从未见过山脉和海洋。柯尼斯堡人可以用他来计时，因为每天下午三点三十分，他都会准

康德曾因为发表关于宗教的争议性言论,而遭到普鲁士国王弗雷德里克·威廉二世的公开批评。

> 不管是思辨理性还是实践理性，我的理性关心的全部内容都汇总成以下三个问题：
> 1. 我可以知道什么？
> 2. 我应当做什么？
> 3. 我可以希望什么？
> ——伊曼努尔·康德，《纯粹理性批判》

时出发，到小菩提树路上散步。他是一个身高一百五十七厘米（约五英尺二英寸）的小个子，胸部畸形，头异常大，有一双明亮的蓝色眼睛，身体朝一侧倾斜。他自称是一名受消化问题困扰的疑病患者，肠胃挑剔，神经敏感，在意着装。他有时穿金色镶边的大衣，执一柄金头手杖或一把仪仗剑。他的丝绸长筒袜用带子绑住，两根带子又从裤筒里穿过，伸入裤子口袋，分别系在一个装在小盒子里的弹簧上（这是他自己的发明）。

康德曾两次考虑结婚，但是每一次都因为太过犹豫不决，而让女方选择了放弃。他可能从来没有过性爱经验，并且认为那只是单纯的欲望，而在欲望满足后，他的对象就被弃置一旁，就像一个人把一块榨干的柠檬丢掉一样。他不喜欢音乐，只爱听军队进行曲，认为音乐是最低级的艺术，因为音乐只是对感官的操弄。

康德称自己的形而上学写作枯燥、晦涩，与一切日常观念相反，且繁杂冗长。他对于自己在千篇一律的讲座上单调乏味的敲钟也表示反感。可他的学生们却说，他的课充满诙谐、机趣和幽默,当他说话时,总像是在从头思考全新的问题,而且还能把他的听众感动到落泪。为了在他的课堂上抢占一个位置,学生们不得不提前一个小时,也就是凌晨六点就抵达课堂。康德机智而渊博的谈吐,令他在柯尼斯堡的大型晚会上很受欢迎,但是他也会因为直率而冒犯众人。他曾为哲学家摩西·门德尔松进行激烈的辩护,以致被人们认为

摩西·门德尔松是犹太启蒙运动的代表人物,康德曾激烈地为他辩护。

太过粗鲁。他还对法国大革命充满热情,并把这种热情表现为对于叛乱的反对,宣称既然国王已被废黜,那么如今代表法国的就该是三级议会。为了收听攻占巴士底狱的新闻,他竟然错过了一次下午的散步。而另外唯一的一次错过,正是因为他在阅读卢梭那部具有颠覆性的教育著作《爱弥儿》时不能自拔,沉湎其中。

康德认为,创作人格是我们的责任。他并没有把自己塑造成那种华丽的浪漫主义类型,这似乎与他对坚持野性至上的卢梭的深沉仰慕有点格格不入,但是这两个人确实有相似之处,那就是对真实性的孜孜求索。康德的那种严苛古怪的自律性,非但与他对自由的爱并不冲突,反而是对这种爱的一种表达。

形而上学

没有一个形而上学问题是康德未曾解开的,如果有,那么他至少也提供了解开它的钥匙。或者说,这是他本人在《纯粹理性批判》的导言中如此宣称的。他说,他能想象到读者在面对康德提供解开形而上学问题的钥匙的这种傲慢时,脸上露出的愤慨而轻蔑的表情,但是那些独断论的哲学家,在没有对理性之力进行先行批判的情况下,声称自己证明了灵魂的单一性质或者世界起源的必然性,可比他傲慢太多了。他把这些极端的唯理论者比作一只斑鸠,这个斑鸠认为自己的双翼受到了空气阻力的羁绊,想要飞出地球表面,却发现没有任何能量来让它维持飞行。最终这些极端的唯理论者只是分析我们已经拥有的概念,或者使用那些与他们没有任何呼应的概念,比如柏拉图的形式。

然而,康德说,经验论也没有好到哪里去。虽然洛克在他的《人类理解论》中,先是提出了我们能够知道多少的这个问题,然后才展开关于我们知道什么的论述,但是他同理论者一样,也完全超出了可能经验的全部界限,而且基本上理所当然地预设了外部世界、自我和因果的存在。休谟贯彻了经验主义的宗旨,提出了这些全都是可疑的,因为世界与自我的独立存在性和连续性,以及因果之中暗含的必然性都是不可观察的。排除数学、逻辑学和言语定义,则(据休谟所说)我们除了自己变动不居的经验之外一无所知。

可见,18世纪晚期的哲学实际上甚至不如笛卡尔的立场

"先进",他在确立了思考的"我"之后,致力于摆脱唯我论,并确立一个外部的世界。当时的情况更糟,因为在休谟的作用下,连自我都土崩瓦解了。众所周知,正是休谟把康德从独断论的睡梦中唤醒,才让康德意识到,如果休谟说的是正确的:那么直白地说,这就意味着形而上学这种东西压根儿就不存在,也不可能存在。

折断休谟之叉——综合的先验

伽利略在面对审判者时,曾公开否认宣布放弃地球旋转的观点,但是在临终病榻上却喃喃低语:可它就是在动啊!同伽利略一样,康德似乎也已觉察到:我们的确能认出必然的因果,所以我们不得不从这个假定前提出发。康德启用了一种被他称为先验论证的方法(这种论证先是想当然地假定某种事实确实如此,然后询问为了令其如此,什么东西是必须有可能存在的)。

康德在《纯粹理性批判》的开篇宣布,他将审视独立于经验的纯粹理性的能力。他断言,纯粹理性的真正意义,包含在这个问题当中,即先验综合判断如何成为可能?这个问题听起来是一个令人气馁的技术性问题,但是对于这个问题的回答,康德提供了一条折断休谟的叉子和唯理论/经验论双重困境的途径。

休谟的叉子有两端:一是观念的关系,它们是先验的(无须经验即可获知,且没有被经验证伪的可能);二是事实,它们是后验的(从至今为止的经验中获知,可能被未来的经验证伪,否定某种知识的一个后验部分并不会自相矛盾)。关于所知之物的本性,每一种主观认识论上的区分,都有一种客观的形而上学的区分与之对应,但这不是"必然的"(如果为真,则必然为真;反之,则是逻辑上的矛盾),便是"偶然的"(可能为假。不论在何种情况下,否定它都不会产生矛盾,即便在这种情况下,它恰好为真)。

康德又添加了两种新的区分。他把我们的知识看作一系列的陈述句(判断),而每一句判断都做了关于主语的某种陈述。他说,判断分为两种:分析判断和综合判断。在一个分析式的陈述句中,陈述的内容已经包含在了主语里,因为陈述句本身要么是一种定义,要么就是一种同义反复(一名单身汉是一个没有结婚的男人,一朵玫瑰是玫瑰)。而在综合性的陈述句中,陈述的内容提供了关于主语的某种新东西,换句话说,它是扩展性的(一名单身汉是不用负责任的,这朵玫瑰是黄色的)。

到目前为止,这三种区分——先验/后验、必然/偶然、分析/综合——看起来仿佛可以整齐地排列成如下独立的两列:

我们如何知道某物	先验	后验
该知识的客观状态	必然	偶然
语义(意义)状态	分析	综合
例子	一名单身汉是一个没结婚的男人	这名单身汉很快乐

有很多陈述是后验的、偶然的和综合的。例如,"这名单身

汉很快乐"传达了从经验中获得的知识。而这个知识可能是真的，也可能是假的，即便在这一特定的情况下是真的，当这名单身汉处在不同的情境里，或者对于不同情况下的其他单身汉而言，都既有可能是真的，也有可能是假的。此外，还有很多陈述是先验的、分析的和必然的，这种组合同样一目了然，例如，所有的三角形都有三条边。就算在过去、现在和未来都不存在三角形的东西，也不会影响三角形有三条边这一判断本身，因为"三角形"的定义如此。

按照这种方式进行排列，六种区分被分成独立的两组，每组内的三种区分都不相同，康德说，这样处理我们的知识并不妥当。显然有这样一类陈述，它们既传达出绝对的必然性，又并不是分析性的（因其自身意义而为真），但是却跟综合性的陈述一样，也具有扩展性。

大多数经验论者都会说，虽然数学和几何知识都不得不在教学过程中获得，但是考虑到它们都被应用于我们的经验，而非从经验中得来，并且再多的经验也无法证伪，所以从这个意义上来说，它们都是先验的、必然的和分析的。康德同意，有一些数学和几何的陈述是先验的、必然的和分析的，但是他认为"每个三角形都有三条边"与"一个三角形的三个角之和等于180度"或"7+5=12"不同。后两种陈述是先验的和必然的，可是康德却说，这几种陈述是综合的，我们不得不站在这些概念之外，去计算角的度数，或者把7和5加起来。5加7等于12并不是"7"的定义的一部分，因此"7+5=12"并不是分析的，而是综合的，和中包含更大的数。这更明显地表明了，不管我们怎么颠倒、扭转我们的概念,我们都绝不可能仅仅通过分析它们,而在没有直观帮助的情况下发现和是什么。然而,如果和是真的,那么和的结果就必然是真的,即使它是综合的,它的真实性也先在于所有经验,且与经验无关。

康德评论说,数学和几何是综合的先验。

休谟对于必然联系的印象缺失

康德比较了这样两种陈述:"所有的果都有因"和"所有的事件都有因"。第一个陈述无疑是显然的、必然的和分析的。如果真的有一种东西是所谓的果,那么它就只能在有因的条件下被计作一个果。即使果这种东西从来都没有发生过,那么它一旦发生,就必定(为了被正确地作为一个果被描述)有一个因。但是"所有的事件都有因"并不是分析的(一个事件有一个果并不是"事件"定义的一部分),相反,它是综合的(提供了关于事件本质的某些信息)。可是它同时又必然是真的,而且它的真实性先在于一切经验,且与经验无关。

但是,我们凭什么这么说呢?是因为迄今为止,所有的事件都有因吗?显然,再多的经验也不能证明或者证伪。当某件事发生时,一定有另外的事件导致它发生。但是,如果观察不到因和果之间的必然联系,我们怎么知道,每一个事件都必然是被引发的呢?当然,除非我们做出一个超出经验限制之外的预先假设。

这是休谟提出的问题,而康德也认同,必然性无法从我们在这个世界里实际感知到的东西中得来。他说,即使我把石头热度,归因于太阳对它的照射,我也观察不到太阳可以使本来冰冷的石头变暖。但是休谟并不认为,必然性只是我们从多次重复的经验中臆测出来的一种内部感觉。如果真是这样,那么如休谟本人所示,即使面对最坚实的必然性(例如,中等大小的客体当被抛落时会下落),我们也只能说它们迄今为止看起来是必然的(因为我们感受到了它们的必然性),但是它们在未来可能不是必然的(休谟的归纳法问题)。经验告诉我们一件事物是如此这般,但它没有告诉我们它不可能变成另外的样子。可是在某些情况下,显然不论经验如何,这个事物都不可能变化。

必不可少

康德说,因果律是对于经验可能性而言,必不可少的纯粹先验原则之一。但是休谟的理论却令我们的信念变成间接的,是被以一种错误的形式所引发,即不是被必然性引发,而是被我们必然化的(且可能是错误的)必然性感受所引发。仿佛我们错误地把一种主观必然性(习惯)当成了一种客观必然性,而它实际上只不过是一个想象的"私生子"。

唯一可以取代这种曲解式的信念形成的解释方式就是,必然性先于我们的经验,而不是跟在经验之后。迄今为止,人们都假定我们所有的知识,必须顺应客体,我们必须进行尝试。如果我们假设客体必须顺应我们的知识,那么我们是不是就没法在形而上学的工作中取得更多的成功。

事件的变化与客体的改变是被引发而出的,这一知识是我们拥有的，完全独立于所有经验的知识，也可以说是抢在经验发生之前出现，并改造经验的知识。康德打算说明的是，我们的感知并不与世界中的事物对应，相反，我们感知到的事物，在被感知的过程中，通过我们感知它们的方式而变得可以理解（虽然它们本身如何仍是未知）。他把这种反转称为一场"柯尼斯堡革命"，虽然它听上去我们的感知恰恰相反。它仿佛人类观察者再次被摆上了中心的位置，就像日心说出现之前一样。但这里的关键是，我们像地球一样，是（认知上）主动的，而且在（永恒的）运动之中。

因此，《纯粹理性批判》第二版导言的第一句话，似乎是在拥护经验主义："毫无疑问的是，我们所有的知识（又是被翻译成'认知'）都是从经验开始的。"接下来康德继续写道，"虽然我们所有的知识都从经验开始，但是这并不意味着所有的知识都从经验中来。"

在这本通常被称为"第一大批判"的著作中，康德检验了纯粹理性的能力，同时求解出，要想让我们有能力知道任何事情，什么样的心灵结构是必须存在的。人们对他的解读多种多样，但是没有人对于他很难被读懂这一点上存有异议。

感性与知性

康德说，我们有两种知识来源——感性（获得感官经验的能力）和知性。通过感性，一个客体在直观中被给到我们；通过知性，客体被想到与这一给定的表象有关。直观翻译自 anschauung

- 直观是一个客体通过它与我们产生直接的关系。这种联系是表象，客体以这种形式被给到我们。同时，它也是一种感官性的知觉。
- 一个概念，借助几种事物可能共同拥有的一种特征，而间接地与客体产生关系。
- 感性给我们直观：被感到的现象。
- 知性给我们概念：被想到的客体。
- 感性和知性紧密关联。

（动词 schauen 的意思是"看"，前缀 an 表示"在"，所以 anschauung 的意思就是"在看"或"一次观看"）。有人解读说，康德这里并不是指心灵在看的东西，而是指它在观看中的活动：形式，并非内容。观看的对象，在笛卡尔、洛克和贝克莱那里被叫作"观念"，在休谟那里被称为"印象"，20世纪的哲学家则会称它为"感觉材料"。

不论康德是否在用"直观"表示一种具体化的感官知觉（他有时似乎是这样做的）或感知行动，他都取缔了唯理论者和经验论者，同时在感性与知性之间划出的那条严格界限。他也绝不会假定，我们以感知的方式从世界中拾得的东西，可以被我们的感知精准地再现（第一性的质），又或者，我们的感知没有再现它本来的样子，而是采用了一种系统化的伪装——特定的颜色、声音、气味和味道（第二性的质）。而后，他也不会预先假定——包括第二性的质在内——我们感知到的东西就是我们所感知的样子，或者（除了第二性的质以外）世界对于我们的知觉而言是现成的、即刻可用的（借用希拉里·普特南的话）。做出这种事先假定的经验论者（例如洛克）自相矛盾地走到了经验之外。而没有做出这种事先假定的休谟，则把我们丢弃在怀疑论之中。

莱布尼茨认为，第二性的质的心灵表征，只是模糊的观念，对此康德进行了批评。

知性化表象和感性化概念——如何避免

康德抱怨莱布尼茨对表象进行了知性化。换句话说，莱布尼茨跟笛卡尔和斯宾诺莎一样，认为我们对第二性的质的心灵表征，只是令人困惑的模糊观念。这仿佛是在说，我们有关第二性的质的感知，是污渍斑斑和模糊不清的。第二性的质作为感知是不充分的，因为它没有像所谓的第一性的质那样，为我们提供关于这个世界的基础数学性质的信息。

与之相对，洛克及其他经验论者，对概念进行了感性化，他们把所有的观念都摆到了感官经验的层面上。据说，洛克的简单观念或休谟的简单印象会合并成洛克的复杂观念或休谟的复杂印象,从而引生出更微弱的副本(观念)。但是,感觉到的印象是如何合并的呢?它们又为何应当合并呢?经验论沉陷于所谓的"所与神话"[1]之中。它把感官印象当作不证自明之物,就像宜家里的床一样,预先打包完毕,以备简易组装。它不去解释我们的感官印象,如何凭借自身构建除了一团绽放的嗡鸣的混沌(威廉·詹姆斯如此形容新生儿眼中的世界)以外更多的东西。绝大多数经验论者都触犯了他们自己为经验设下的准线,理所当然地预设这个世界具有内在固有的连贯性。

洛克主张,心灵是一张白纸,经验可以在上面进行书写。但是,除非心灵与经验共享一种语言和一套书写系统,否则经验留下的痕迹甚至连涂鸦都算不上吧?洛克的隐喻做出了一个毫无依据的先在假设——书写者(经验)、书写载体(心灵)和书写内容(印象/关于事物的观念)共享一套符号系统。如果不是这样,那么经验以及经验提供的一切,便都是过眼云烟而已。它既不会被保存、收录,也不会被扩展,甚至实际上什么意思都没有。

经验论者虽然嘴上不承认,但实际上都倾向于忽略这样一个至关重要的事实,即一个概念是借助几种事物可能共同拥有的一种特征,而间接地与客体产生关系。我们的感知是被概念化的,我们可以把一个客体看作一张桌子、一只狗、一棵棕榈树。

康德坚持认为,感知过程必定包含一种对感性和知性的"综合"。没有感性,就不会有客体给到我们;没有知性,则没有客体会被想到。没有内容的思想是空洞的,没有概念的直观是盲目

---

[1] 是指传统经验主义包括一些逻辑经验主义者的共同看法。——编者注

的……知性无法"直观"任何东西,感性也想不到任何东西。只有通过它们的联合,知识才能诞生。

感性的形式——空间与时间

康德首先想做的是隔绝感性,即把一切概念性或感知性的东西从感性中拿走,从而提炼出纯粹直观,即经验的空架结构。他认为,这种直观由面向时间的内感官和面向空间的外感官,构成了两种承载我们全部经验的、不容避免的基本容器。

对于空间是一种先验直观的论证

1. 对于空间的表征必须是预先设定的,只有这样,某种特定的感觉才能指向外在于自身的某种东西。外部经验本身只有通过这种表征才有存在的可能。

2. 空间不可能源自经验:我们当然可以想象出空间内没有客体的样子,但是我们永远也不可能为自己表征出空间的缺席。因此,空间必须被视为表象可能性的条件。

3. 我们只能为自己表征一种空间。其他空间(比如在这里与房门之间)都是这一个空间的组成部分,只不过是界定了某个统一体的限度。一个有限的空间可以被构想成空间内部的一个整体。空间是一种纯粹的直观,只包含某物被直观的形式。

陈述 1 和 2 论证了空间是先验的,而 3 则论证了空间是一种直观。

- 空间是一种必需的先验表征，是所有外部直观的基础——外感官的形式。
- 时间是一种必需的表征，是所有直观的基础——内感官的形式。

对于时间是一种先验直观的论证

1. 时间不是一种经验性的概念，不源自任何经验。我们只有预先假定时间的存在，才能为自己表征存在于同一时间（同时存在）或不同时间（先后存在）的大量事物。

2. 就一般表象而论，我们不能移除时间自身，只能设想时间中没有表象。

3. 不同的时间是同一种时间的组成部分，因此时间（同空间一样）也是一种纯粹的直观。

不论如何，时间的表征是一切表征的基础，因为一切表征，不论它们对于客体而言是否存在外部的事物，其自身作为心灵的决定结果，都属于我们的内部状态。

范畴——知性的形式

空间与时间是纯粹的先验直观，而我们也有纯粹的先验概念。这些概念框定并组织我们持续接收到的实在直观，把它们整合成为具体的、因果式交互作用的客体。

借用亚里士多德的范畴（"kategoria"的意思是可以就某种事物断定出来的一种属性或特征），康德区分出四组范畴类型，

康德借用了亚里士多德的范畴，创造了四组纯粹概念，每组三种。

> **范畴表**
>
> 量的范畴：单一性、多数性和全体性（包括数字）。
> 质的范畴：实在性、否定性和限制性（实在性与否定性结合）。
> 关系的范畴：实体与偶性，原因性与从属性，协同性或交互性（实体的群体之间相互决定）。
> 模态的范畴：可能性/不可能性，存有/非有，必然性/偶然性。

每组类型包含三种纯粹范畴（共计十二种），这些范畴成为所有经验的中介。在康德看来，心灵不是像洛克所说的那样，是一张由感觉书写的白纸，它更像是一种形态多样的模具，而融化的经验在被倒入这个模具之后，才会固定成各不相同的形状。或者也可以说，心灵把范畴强加给现实。我们仿佛是在隔着栅栏或者透过彩色玻璃来感知并构想现实。

康德本人并没有使用这些隐喻中的任何一种，而每种隐喻带来的误导可能都比帮助更多。这有一部分是因为，在康德看来，心灵在它的运转过程中既有主动性，也有被动性。它并非仅仅是感官印象的一个被动接受者，不然的话，这些印象就只不过是客体的副本而已了。相反，以内感官与外感官（时间与空间）的形式作为中介，我们的感官印象通过十二种纯粹的知性概念（范畴）被想象进行了综合。康德说："通过最普遍意义上的综合，我理解了把不同表征合于一处，并以一种知识把握它们之中的多样东西的那种动作。"然而，直观与概念的综合并

用心理学分析康德

哲学家对于用心理学分析康德持谨慎态度，但是，婴儿在很早的阶段就发展出被称为"客体恒常性"的能力，这与他的实体与偶性，以及原因性和从属性这两个范畴颇有暗合之处。在婴儿四个月大的时候，如果他们把视线从某个客体上转移开，回头再看时客体不在了，他们就会表现出困惑或者困扰。因为他们一定是对客体在未被观察时，仍旧持续在场有所期待，而且必定已经拥有类似我们在丢东西时产生的那种"但是它一定在某个别的地方"的感觉。这种因果性的念头似乎同样是与生俱来的。最原始的"魔法想象"也是以此为基础的——祈雨舞、针扎巫毒娃娃、诅咒敌人、不在梯子下走路。

非自知自觉而有意完成的，就像休谟的牛顿力式心灵一样——它是偶然发生的，只是想象之力的结果，是灵魂的一种盲目而又不可或缺的功能。如果没有它，我们就不会拥有知识。

根据笛卡尔、洛克或休谟的说法，我于当下正在持有的感官印象（"观念"，或者休谟所说的"印象"）可能与世界里的一个客体（的性质）相对应，也可能没有对应。因此我不得不去判断，它们是在为我展现出外面真实的情况，还是在呈现一个错觉，因为不论是哪一种情况，我们的经验都是一样的。在康德看来，当一个客体被"想到"时，直观（感性）和概念（知性）就已经完成了融合。因此，说感官不但不会犯错，反而是完全正确的。这并不是因为它们总是做出正确的判断，而是因为它们根本不做判断。

实体与偶性和原因性与从属性是最重要的两个范畴。我们认识到的是一个由跨越时间存在，并具有因果交互性的客体组成的世界。如上所述，康德不认同休谟为我们如何阐述必然联系提出的方案："一个因的概念本身就显著地包含了一个与果相联系的必然性的概念，以及这一法则的严格普适性的概念。如此一来，如果我们尝试像休谟一样，从发生的事与先发生的事之间反复形成的关联，或一种联结表征的习惯之中得出必然性，那么这个概念就会整个丢失。"休谟臆测推知的必然性感觉仅仅是主观性的，而且是临时的。康德认为，因果判断就像数学命题一样，其自身携带的必然性，不能从经验中得来。

先验图式（schemata）

康德还提出了一种解释：把一种范畴应用于表象的机制，即一种先验的图式，就是通过想象的方式，形成范畴与表象的中介。他感觉到，范畴是抽象的，需要变得更加具象，才能被应用在具体的场合。例如，狗的概念表示一条法则，而想象可以根据这条法则描绘出一种四足动物的一般形象，这不局限于我实际观察到或想象出来的某一条狗。狗的图式，看起来既与纯粹的概念狗类同，也与感觉中所给之物相似。同时它是知性的和感性的，而且（请经验论者见谅）它不是一幅图像，而是一种程序。没有它，概念不再具有普适性，即不再对其所有的具体实例都有效。如果这听起来令人困惑，那是因为它就是如此。很多康德的研究者都认为，先验图式对于范畴而言，没有起到任何有益的作用，也没有任何补足，范畴本身就可以作为产生合适图像的法则。那么，先验图式比它们好在哪里呢？

做这种感知和判断是在做什么？

看起来可能有点奇怪的是，康德没有首先把感知作为批判的对象，而是把它放在首要之处，并视进行感知的"我"（有时泛化为"我们"）为理所当然。但关键就在这里。"认识"是一种关系，我在这种关系中只与现象相关。而"我"作为所知者，本人并不是所知的一部分。

康德赞同休谟的观点，他说："没有任何固定而持久的自

意识的统一

作为经验的必要条件，意识的统一创造了一种可能性，即，正在思考的"我"与此前思考的"我"和未来将要思考的"我"可能是同一个"我"。在一则重要的脚注里，康德想象一只弹力球撞击另外一只弹力球，一个撞一个，一个接一个，这样一来，每一个球都会把此前所有的球传给下一个球的动量传递下去。如果一种实体能够以类似的方式，把先前所有的表征都转移给邻近的实体，把动量一直转移下去，那么最后一个实体就将意识到前序所有实体的接续状态。但这个实体就不再是所有这些状态下相同的实体了。那么，从原则上说，此时就有可能不存在这样的一个"我"。这一指称无论如何都证明不了我的主体的数的同一性。

我，可以在这种内在表象的变动中呈现自我。"但是，在他看来与休谟不同的是，表象的变动并不能构成知识，因为知识的构成要求表征被进行比较和联结。而且，他此前已提出假设：表象在进入有意识的经验之前，先要通过被聚集以完成综合，并以空间和时间以及范畴的形式为中介。同样，他在此也主张统觉的先验统一性。此处的"先验"有带有康德色彩的必要的假定前提意味。作为一种假定前提，"统觉"（关于感知的感知）是感知得以聚合统一的土壤和容器。

康德说，"我"已经包含在每一个思想之中，而"我想"不得不伴随着我的所有表征，否则它们就不是思想了，或者至少对于我而言什么都不是了。但是自我的永恒性和统一性，并不是我直观经验中的东西（感官经验）。"我"的表征是自身完全空洞的。"我"是一个仅仅在逻辑上成立的主体，只是我的思想和它们属于我的一个形式条件，而不是一个基底。我不做推断，但是会预先假定，我自己（作为灵魂）的简单性。要想让客体的综合有可能，就必须先有领会的综合。

先验唯心论和经验实在论

在笛卡尔看来，正处于思考动作中的那个"我"，就是我们可以直接确定且最了解的东西。问题在于其越过主观性，而仿拟一个客观的外部世界。他和洛克都被认为是间接实在论者，但康德却指控他们是有问题的唯心论者，还说他打算让唯心论所耍的把戏，调转枪头对付它自己。康德指出，关于感官材料的经验才是直接的，而内部经验本身只有通过外部经验获得间接的可能性。我不会从我在思考这一事实中推断出一个"我"来，而且就我所持有的与我自己有关的外部客体而言，我也同样没有诉诸推断的需要。事实上，我丝毫不确定脱离外在于我的事物之后，我自己的意识是否甚至没有可能存在。还有，这样说来，我是否只能作为思考物而存在（也就是脱离人类的形态而存在）。

康德把他的立场称为先验唯心论，按照他的说法，这等同于经验实在论。他说，这不是贝克莱的独断唯心论销毁了物质事物。康德说，外部客体的表象如何由我们而定，这乍一听像是一名唯心论者的言论。但他所说的依赖于心灵之物，只是事物的表象如何，而不是在说它们的存在。在《导论》中，他似乎把我们所有的感知，都放在了第二性的质的层面讨论，主张我们感知到的东西在某种意义上与热度、颜色和味道没什么不同，在我们的表征之外也没有实际的存在。

康德说："'在我们之外'这个表达具有不可避免的歧义。有时候指作为物自身在我们之外存在的东西，有时候指仅属于外部表象的东西。"而且它还有一种非笛卡尔式、非洛克式、非贝克莱式的含义，即所有的客体都是"表象"。它们是物自身（本体）经过纯粹直观和范畴的中介而呈现给我们的样子。我们永远也不会感知到物自身（ding an sich）真实的样子。

形式统一体还是本体自我？

康德说，我们自己引入了表象中的秩序和规律，并将其命名为自然，而且我们关于事物所了解的先验知识，都只是我们自己所加入的。我们当然不会有意识地引入秩序、规律或者自知自觉地把空间、时间与范畴灌注到事物当中。经验的综合本身不是被"经验"到的，而是依据休谟的关联原则，在我们自己不知道的情况下，先于感知被启动。而且，我们不是通过经验的自我意识到它，而是通过先验的自我。那么，这样说来，康德关于认知的看法不是跟休谟——一团心灵活动被动地接受"自然之流"的操控——差不多吗？

其实不然，因为虽然康德反对心灵实体这种笛卡尔式的概念，但是他本人也做了那些自己曾指责过的笛卡尔做过的事，如迈过了感官世界的边界之外，走入了本体的领域。有时他暗示，先验的自我也是超验的，或者说，就算它不是这样，那么我们也不得不把它们看成这样。康德说："我没有关于如我所示的，我自己的知识。只有关于如我所示，于我自己的样子。我们对主体的指认只能是先验的，没有指出其中任何的特质。事实上我也不知道关于主体的任何事，不论是通过直接的了解还是其他方式。"但是这里还留有一种可能性，那就是潜在的某些东西是可以被知道的。尽管在经验的（现象的）这一边，先验主体构成了几乎感觉不到的意识的统一漏斗，但在（本体的）另一边，在主体之外还延展出一个本体的自我。因此，有没有可能，我不仅仅是超越我自己知识范畴的某种东西，而且就这个不可知的自我不受空间、时间、实体和因果的约束而言，也是自由的？

二律背反

"我们是自由的,同时又受到因果律的制约",这正是作为康德四大二律背反之一的一个悖论。每一种二律背反都是一对互相矛盾的陈述,按照康德的说法,它们的产生是由于理性的过度发挥,而使用了世界整体的概念——其本身只是一种观念;也就是说,这并非康德的结构性概念——试图越过经验的边界来进行思考。每一种二律背反都有一个正题和一个反题,二律背反在二者之间,即便这两种真相彼此互不相容,但在表面上也陈述了关于该话题仅存的两种可能的真相:

1. 正题:世界有时间上的起点和空间上的界限。
   反题:这两点它都没有。
2. 正题:除了由简单部分构成的事物或这些简单部分本身之外,没有任何东西存在。
   反题:世界上不存在简单部分。
3. 正题:自由有一种因果性,而因果性与自然法则相合。
   反题:自由不存在,万物都受到自然法则的约束。
4. 正题:世界上有一种绝对必要的存在,其要么是世界的一部分,要么就是它的起因。
   反题:世界内部没有绝对必要的存在,世界外部也没有这样的起因。

康德对每一种二律背反的两个方面都进行了论证。论证到

康德的离群索居是有名的，但是鉴于他在城市文艺圈中的重要性，还是获得了"柯尼斯堡之王"的别称。

最后，他说，仿佛两个方面非但没有受到伤害，反而都得到了充分详尽的讨论，而且可能将会意识到它们的争吵毫无意义，最后像好友一样道别。

不自由但自由

说到第三种二律背反，康德的意思大概是，两种互相矛盾的命题都是真的——

反题是现象的真，正题是本体的真，因此是终极的真。康德在努力求解，要让我们拥有我们拥有的经验和知识的前提，则情况必须如何，而且我们在实践中显然不可能看不到自己所处的这个自相矛盾的位置。虽然有人说，自由意志只是一种幻觉，可不管多么虚幻，他们至少也会感觉到不得不连续不停地做出决定。

经验的自我是表象的一部分，它受到自然法则和欲望诱惑的约束。通过在特定的时间以及长期的时间内观察我的行为，我会随着我经验中的任何其他事物一道，经验性地发现它。我可以了解到我的性格，且通常伴有悔恨（我不是很大气，对吗？），并相应地做出行动（为了对抗我的吝啬，我要给牛津救济协会下一张长期委托订单；既然我总爱迟到，那么我就把我的闹钟调早五分钟）。

但是我必然不会通过对自己的预测来引导生活。比如这样说就会显得很滑稽："不用麻烦给我拿菜单了。至今为止我总是吃韭菜土豆汤，所以我只能假定我这次也会点它。"不可否认的是，在某些情况下说"我很可能最后会嫁给他"这样的话是可以理解的，但是说这话的时候，你不会恰好发现自己已经到了婚姻登记处。

我可以知道我的决定是由信念和欲望引发的，而这些信念和欲望则是被我的基因、境况和习惯打造而成，但是在生命中那些激烈紧张的时刻，我依旧知道，是我自己正在做出决定，而且我要对我自己的决定负责。这不仅仅是一种感觉。事实上，我没有能力不做决定。同时我也是不自由的和自由的，而且我无法躲开、逃避开这种自由。正如萨特所说，我是"被判自由"。

上帝

康德曾因《证明上帝存在的唯一可能证据》(*The Only Possible*

Argument in Support of a Demonstration of the Existence of God，1763年作，处于他的前批判阶段）一书声名大噪。他在书中抨击了本体论和宇宙设计论的论证，但是最后得出的结论仍然是上帝必然存在（第四种二律背反的正题）。他在第一大"批判"中反驳了三种证明上帝存在性的论证：

1. **本体论的论证**。笛卡尔使用过这种论证，他认为上帝的存在是由上帝这一观念所引出的。在定义上，他是一个完美的存在。不存在完美的一种缺陷，因而也就不再是一个完美的存在。因此，说上帝不存在就与你刚刚言明的那个概念相矛盾。

对此，康德的回应是，当偷偷地把存在的概念当成一个概念的一部分，而又不事先阐明这后一种概念本身只是有可能存在而已时，这个过程中就已经产生了一种矛盾。你无法正当地从概念的逻辑可能性中，推出事物的真实可能性。

存在不是一种断定。断定一个事物是指，如果它存在的话，那么它有哪些特质，如艾米丽勤恳好学、艾米丽很漂亮、艾米丽爱骗人，这些可能分别为真，也可能同时为真，但是这一切只有当艾米丽存在的条件下，才有可能作出判断。说她"存在"或"有存在性"不是在她拥有的其他特质之外，给她多加一种额外的特质。存在性也不可能是包含在构成完美性特质之中的特质之一。

如果我们试图单纯地通过纯粹范畴来思考存在性，那么我们就无法指定一个把它跟单纯的可能性区分开来的记号。我们不再能仅靠观念来扩展我们理论洞见的储备，就好像一名商人不能通过在他的现金账户上添加几个零的方式，来改善他的处

康德在《纯粹理性批判》中反驳了证明上帝存在的三种主要论证。

境。此外，每一个判断都必须是分析的或综合的。本体论的论证在这两方面都不成立。存在既是（声称的）"上帝"定义的一部分，又要被附加到这个定义之上。

2. 宇宙论（第一因）的论证，为了涵盖上帝的完美性，而隐秘地预设了本体论的论证。不论在任何条件下，想要论证上帝是自为成因的一个必然性的存在，就要在作为一个整体的感性世界上，应用万物必有因的原则（这个原则只在感性世界内部才能被有效地应用），由此便可声称思考已越过了现象的边界（对此休谟做过类似的论证）。

3. 自然神学的论证（来自宇宙设计论的论证）源自这样一种理念，即这个世界错综复杂的运转机制，必然暗示存在一名设计者。但是这又依赖于宇宙论的论证，关于上帝是必然且完美的"证明"，而后者又依赖于本体论的论证。自然神学的论证至多可以证明：这个世界有一名设计师，他在设计中使用的材料的适应性，总会给他造成深深的困扰，而不能证明这个世界有一名创造者，世间万物都受到他的观念的支配。

本体（noumena）——什么和哪里？

叔本华把本体（又称物自身，因为它们脱离于空间、时间和范畴而存在）比作柏拉图的形式。但是柏拉图说，形式（知性的概念）只是我们可以知道的事物，而关于感性的事物，我们只能持有观点。但康德坚称，现象是可知的，而本体是不可知的。我们不应该错误地把本体具体化为积极的事物，而应该仅仅在消极的角度上构想本体。我们对客体的把握总是以感觉为中介,而本体正是我们感知不到的现实。

可是,还有一个回避不了的问题:本体在哪里?一种解答是,它们像形式一样哪里都不在,因为它们外在于空间、时间、实体和因果。另一种可能是与第一种应和的解答是,本体在我们的周围,无处不在。树木、河流、房屋、街道、桌椅,它们都是本体,只不过是作为现象被感知。如果我们感知不到物自身,而只能感知到它们的表象,那么是不是可以认为,在某种意义上,触手可及且无所不在的本体就是我们感知到的东西,只不过我们没有感知到它们真实的样子,这种说法算不算奇谈怪论呢?另外,其他的生物是不是也有关于时间的内感官和关于空间的外感官,并且当把别的生物识别为自己的同类(一只狗或者一条章鱼)或者捕食者时,也应用了先验图式呢?

投降的狐狸

灵魂、自由意志、永生和上帝——严格地说,所有这些概念都是不可思考的,因为它们在经验和意义的范围之外。康德在第一大"批判"中说到上述每一种概念时,都说他已经发现了为了给信仰留出空间而否认知识的必要性,或者不如用后来维特根斯坦在早期奉劝我们的话说:对于非经验性的东西睁一只眼闭一只眼。

但是,康德在第二大"批判"中却假定说,他此前断言为不可知的东西,可能是真的。他还说:我们基于这样一种假设指引我们的道德生活，即有（或可能有）一位创世者创造了一个有意义的世界，在这个世界里，不朽的灵魂可以通过永无止境的进步，而使自己变得神圣，且它在这个世界里将拥有真正的自由。那么如果真是这样，这些假定前提就把宇宙呈现为一个善的、有意义的存在，并使他的形而上学、伦理学和美学的庞大结构得以优美地组装在一起。

尼采把康德比作一只狐狸，说他机智地逃出了自己的笼子，然后迷了路，又跑了回来，可又没有完全回到笼子里，而且还帮其他的小动物打破了笼子。他以为可以用信仰封住的那道裂缝，再也没有真正地弥合。

◎ 要点总结：

- 康德意识到，唯理论和经验论都不能说明我们是否或如何认识这个世界。此二者都把我们困在了自己的"观念"之中。
- 我们不得不理所当然地认定我们确实拥有知识，所以康德想要求解出，要想缝合感知与被感知之物之间的裂缝，情况必须如何。
- 康德引发了一场"哥白尼式的革命"。他提出假设，是事物要顺应我们可以知道的东西，而不是我们的知识顺应事物。
- 知识来自经验，但是我们的心灵并不是一块任由经验书写的白板，反而是它为我们感知到的东西提供了结构。
- 我们不会通过经验发现世界是按照时间和空间的秩序组织起来的。我们不得不去体验处于时间与空间之中的万物。
- 在感知过程中，不存在"先感觉再概念化"的问题。客体是以一种综合多样的形式，在十二种知性的形式（范畴）下被感觉和思考的。
- 范畴是我们思考的条件。如果我们要拥有我们实际拥有的知识和经验，那么范畴就是必要的。
- 正因有实体和偶性的范畴，我们才会看到分明的客体，而非一团混乱的变动。我们不会发现因果规律，而是预设因果规律。如此等等。
- 康德称他自己的立场为先验唯心论，并说这等同于经验实在论。
- 只要它（指一个立场）承认外在于我们的现实，那么它就是实在论的，但是，不论科学如何发展，我们都只能感知并认识现象（表象），而不能把握不可知的物自身，这又是唯心论的。
- "我"不是我们最了解的东西。"我"是，可能只是经验的预设框架。
- 灵魂、自由意志、上帝和永生都被置于知识领域之外。但是自由意志的概念,对于我们存在和生活的方式而言是必要的条件。

第 10 课

道德哲学：世间万物都来自因果
伊曼努尔·康德

像亚里士多德和休谟这样的道德哲学家，总是从人类的本性出发，把道德视为一种为满足我们正当的有意识的欲望，而设计出来的良性公共机制。他们诉诸的客观性，是人类心理和社会习俗的客观性。"德行"被认为是最适合达成，并维持我们真正想要之物的行为。而且他们分析的德行，是在他们那个时代被接受的德行。

康德以其严苛的、纯粹主义的方式，走到了更深的一步。在《道德形而上学基础》中，他宣称自己的目标不是处理人类学问题，而是旨在探寻并建立道德的至上原则，这一原则不仅在偶发的人性的条件下有效，而且对所有此类的理性存在物都成立，且有绝对的必要性。他写道："流通中的一切人类德行都是零钱，只有小孩子才会把它当作真的金子。"而道德也必须接受批判。

康德的道德哲学聚焦在作为道德主体的理性存在物上。

  康德本人有浓厚的宗教背景,他认出了道德的两个令人头晕目眩的相反极端——跨越了我头顶的星空和内在的道德法则,即自由与强制。与具有区域性和公共性的社会法则不同,道德法则的要求,是超客观性和普适性的。但即便如此,它们发问的对象仍是个体的良知,且仅凭个体良知就可以给出答复。

  康德由道德主体入手,并聚焦在道德主体之上——不是作为经验者和情感表达者,也不是作为社会公民,而是作为理性的存在物。他承认,我们作为理性有限度的人,必然想要幸福,但是他又认为幸福是一种未确定的概念。每个人都想要它，但是没有人知道他们真正想要的是什么，富有、博识、长寿、健康，只有全知者才能告诉我们，如果答案就在这里，那么这里究竟哪一种才能给我们幸福呢。在实践中，任何人找到他们幸福的地方，都一直通向每个人心中特定具体的快乐和不快乐的感觉。而且，即使在同一个主体内部，也会通向随着这种感觉的变化而发生变化的不同需求。

康德认为，理性不能以实现幸福为本质目的。幸福更像是本能的产物，依赖于环境和性格，而且是不自由的。在道德中，理性远非"热情的奴隶"，而是应该起到统治的作用。

自由意志对决定论

康德说，理解世界的唯一方式，就是把世间万物都看作是因果的臣民。如果真是这样，我们如何能够认为自己不受因果律的制约，且有自主选择行动，并为自己的行动负责的权利呢？我们凭什么能与宇宙中的其他一切事物有所不同呢？

休谟在回应决定论问题时说，正如我们不会在自然中观

休谟相信，自由仅仅意味着我们在实现自己的欲望时不受阻碍，但是康德认为，这只是一种"低劣的把戏"。

察到因果的必然性,而被迫假定它存在一样,就人类行为而言,我们也不得不假定,在特定的行动之前必有特定的动机,包括我们自己的在内:自由仅仅意味着我们在表面上实现,受到引导而产生的欲望时不被阻碍。

康德把休谟的"兼容论"解决方案称作"一种低劣的把戏",他认为这是一种肤浅的言语小花招,但是他也同意,如果我们不抛弃常识,就无法发现在同一种人类行动中,自由与自然必要性之间任何真正的矛盾。同时,康德的先验唯心论还给他提供了一条休谟所不具备的选择性退出条款。康德称,我们不会从经验中搜集一种因果必然性的理念,相反,经验已然被事先准备并充满了"原因性与从属性"这一范畴。既然该范畴是我们强加给这个世界的范畴之一,那它就并不是现实的内在组成部分,其真正的本性也是不可知的。因此,"我"以及为我的经验赋予连贯性的"形式统一体"的构成,很可能是本体的一部分,不受因果律的支配。

康德说,主体把自己视为表象,被卷入感官世界的因果中,同时又把自己视为本体,作为纯粹的智识不可能被临时决定。

关于自由的意识

我们是真的拥有自由意志,还是说,自由意志只是我们为了达成实践和道德目标,而不得不做出的"一个假定前提"?康德把这个问题留待讨论,着实让我们心痒难耐。他在《道德形而上学基础》中写道:"可知的本体世界的这个概念,只是一种视角。理性发现，为了把自己构想为实践理性，它自己被迫要在表象之外采纳这种视角。"在《实践理性批判》中，康德暗示现象物和本体物会以某种方式相交。但是不管我们是不是真的有自由意志，实际上人会在他自身内部发现一种把他自己与其他所有事情区分开的力量，甚至会把他与受到客体影响的他自己区分开。

为了阐释我们是以何种方式知道（或认识到）自己是自由的，康德提供了这样一个示例：一个男人感到如果自己不发生性行为就会死掉后，便来到了一家妓院。他听说他有走进妓院的自由，但是，一旦当他释放了那份他坚持认为无法抵抗的冲动之后，他就会被送到妓院门外的绞刑台上绞死。最后，男人的反应是完全可以预料的。突然之间，他感觉如果自己不发生性行为，也不会死了，因为如果他真的发生性行为，就一定会死。所以他转身离开了。

但是，康德说，如果这个国家的统治者以绞刑之痛作为威胁，命令他在一场判决中作伪证陷害一个无辜的人，那么他一定会明白，他有可能会克服自己对生命的热爱——虽然事实上他很可能不会这么做——而且实际上他也应该陷害那个无辜的人。因此，他判断出他可以做某件事时，是因为他意识到自己应当去做，同时他也认知到自己内在的自由。如果没有道德法则，那么这种自由对于他而言，仍然是未知的。他通过意识到自己受到的约束，而认识到他是自由的。

因此，经由一种优美的自我实现的预言，我们会通过想到我们是自由的，而获得自由和约束。

自由和约束

颇具悖论意味的是，自由就是认识并遵守道德法则。按照康德的说法，通过遵守道德法则，你就会比受到欲望、情绪、恐惧或对奖励的希望（包括天堂中的奖励）所强迫的人更加自由。因为那些冲动会让一个人只接受自然法则的支配，即自然需求的法则。相反，如果遵守绝对的自律，那么他便只接受由他自己制定的，具有普遍性的法则的支配。

如果我们能做到完美的理性，那么我们就会把自己看为本体世界的一部分，并想要符合道德。但我们同时也是现象世界的一部分，是有倾向性的生物，所以道德法则又是我们不得不遵守的东西。这种"我应当"实际上是一种"我有意"，这对于每一个理性存在物而言都必然成立，只要理性在他那里是实践性的，且不受任何阻碍。而对于像我们这样同时受到感性影响——也就是受到一种不同种类动机的影响——且不总是按照

实践理性

"实践理性"（最早使用这个术语的是亚里士多德）是关于要做什么的理性。休谟认为它倾向于仅仅作为一种工具，是欲望的服务者。康德认可休谟的这种说法，但是纯粹实践理性，却能产生关于掌控一个人的倾向的意识，并依据义务创造它自己的法则的理性，能使我不顾自己（无意中）想要的东西而行动。然而，正如经验自我和本体自我实为一个自我一般，纯粹理性和实践理性也是同一种能力（理性），只是在应用上有所区分。

理性自身行动的方式行动的存在物来说，这种必然性就会表达为一种"我应当"。当我们的行动是从道德法则出发时，应当的情况便与实是的东西不谋而合了。

没有心理学上的激励

康德说，我们可以意识到自由是一种以不屈的性情，遵循道德法则的能力。但是我们是如何获得想要获得的性情呢？它又能对什么东西起到帮助呢？

康德并没有像休谟一样，诉诸道德特质的"有用性"和"相宜性"，也没有与休谟的"同情"对等的激励性心理机制。他对"亲切"嗤之以鼻。正如他从形而上学着手考察纯粹理性，他的道德哲学也在考察纯粹的实践理性。他探寻的是，道德如何在理性和必然性中得以建立的问题，而不管人们刚好想要的是什么。任何一种为道德提供外部诱因的伦理学，在他看来都只不过是搔首弄姿而已，而这些诱因里就包括热情的感觉，以及对幸福或声誉的渴望等。一份善意是经由一种理性的概念而自我产生的，对此唯一合适的表达就是"敬意"。而促进自然倾向的东西，不会成为敬意的对象，只有克服倾向的东西才能被尊敬。

即使是趋向善行的倾向，也没有道德价值。他说，仁慈的人常常乐在其中。拥有一种慷慨的性情只是运气好而已，而且可能随着环境的变化而改变。另外，常被视为好东西的东西，如性格、才华或财富的天赋，如果不是善意产生的结果，就很

> 如此看来，一个出于义务的行动，必须完全排除倾向的影响以及这个意志的每一个对象。所以，除了客观上的法则，和主观上对这种实践法则的纯粹的敬意之外，没有其他的东西有能力做出决定，也正因如此，遵守这种法则的准则就等同于瓦解我的所有倾向。
>
> ——伊曼努尔·康德，《道德形而上学基础》

容易变质。即使一个天性冷酷的人，如果能设法做出良好的表现，不是顺从自己的想法倾向，而是出于道德义务的考虑，那么他反而具有更高的德行。

一份善意

接下来的问题是，德行的意义何在？如果不是为了同情的行动，那么我们的倾向为什么需要被克服呢？到底什么才是善？康德似乎是把这个问题反过来看的：理性的目的就在于产生一份善意，而善意正是这个世界上唯一可以无条件地被认为是善的东西，甚至在世界之外也一样。而发起善意的行动就是出于义务的行动。

但是，这里指做什么的义务呢？"善意"又是指什么？这些概念看起来像是循环论证。

康德避开了休谟的"是什么"以及"应当如何"的问题——把我们的视角从事物如何存在于自然世界之中，转移到我们应当如何处理它们，以及它们应当如何存在于我们所制造的世界

康德表明，道德是一种主动的、规定性的法则，永远处于被制造与再造的过程当中。

之中时遇到的困难。在康德看来，与其说道德是一组要求对应事实存在的平白的描述性陈述，不如说道德是一种主动的、规定性的法则，而且不是一种固定的法则，而是一种通过每一个道德主体对自身立法，而永久处于制造与再造中的法则。

我们把道德价值剥离出我们自己的理性推理之外。事实上，道德法则的内容依我们而定，但并不是以主观主义者的方式。康德想要越过变动不居、瞬息万变的社会惯例之外，探及一个远为广大的客观的道德法则，而正是由于远为广大，客观的道德法则，也比被社会接受的道德更加千变万化，且更加具体化和个人化。每一次，当作为理性主体的我，对我自己发布命令时，道德法则就主观地制定一次，但是，因为那个自我命令考虑到了每个人，所以它就不只是对我发出的，同时也是客观的和普世的。

绝对道德命令

我在动手去做任何一件事（很有可能如萨特所说，这真的就是指任何事，如煮鸡蛋、刷牙，这些最细枝末节的行动）之前，都会事先摸清道德法则。我会看着那条涵盖了我即将采取的行动的准则（或者说是法则，原则）发问，我是否愿意让一种如此描述的行动，成为每个人都不得不做的行动。除非我能同时愿意让自己的准则成为一条普世法则，不然的话，我就绝不应该行动。而当我做不到这一点时，这条准则或行动就将被拒绝，但这并不是因为它将给你或者他人造成损失，而是因为它无法作为一条原则而具备拟定普世法则的可能。

事实上，我乐于将我的行动所依据的准则，设立为其他所有人的行动准则，因为只有这样才是合理的。康德问，一个对他人而言是错误的行动，凭什么放在我身上就应该变成正确的呢？如果它对于我来说是正确的，那么它就必定对所有人而言，都是正确的。说到底，我只是众多人中的一个，我凭什么应该享有特权呢？我有什么了不起的吗？不论怎么说，除非我愿意让其他所有人都做某件事，否则我也不能做这件事。如果我不愿接受自己将要做出的行动是一个普遍性的行动，那我又有什么理由给自己破例的权利呢？

因此，除非我能同时愿意让自己的准则成为一条普世法则，不然的话，我就绝不应该行动。而当我做不到这一点时，这条准则或行动就将被拒绝，这并不是因为它将给你或者他人造成损失，而是因为它无法作为一条原则，而具备拟定普世法则的可能。

例如，我的确可以有撒谎的意愿，但是我绝不可以有意建立一条普世的说谎法则。因为假如有了这条法则，那么世上就再也没有承诺可言了，因为向一个不会信我所言的人宣称一个关于未来行动的意向，是毫无意义的，而且就算他们草率地相信过，也会反过来对我以牙还牙。最后结果就是，我的准则一旦被作为一条普世法则，就注定会自行作废。有些请求准许考虑诚实，也可能存在例外情况的人，其实已经是一个潜在的说谎者了，而且他总是自相矛盾。因为他表明了自己给自己保留了特例的权利，而且并不认可诚实本身就是一项义务。

对比假言命令

不论康德的本意如何,关于我是否能以意愿使我的行动成为一条普世法则的问题,听起来仿佛总要把结果考虑进来。然而,它本来的意思是指一场思想实验,检验的并不是结果,而是一致性。而这种一致性的结果就是一种绝对的(不可撼动的严苛)自律。康德对比了这种绝对命令与通常你给他人或自己的基于假设的假言命令。说它基于假设,是因为它依赖于你想要的东西。如果你不想违反法律或者摊上引发事故的风险,那么请你看到那些灯就停下;如果你想通过考试,从而帮助自己找到一份好工作或者获得快乐,那么请你努力学习;如果你想上天堂,那么请你在活着的日子里多做善事。在真正的道德中,命令是绝对的,因为它们不依赖于你现下想要的东西,也不取决于你想要达成的事情。命令、行动、善意……所有这些都与欲望、感觉、结果、未来绝缘。可它们既是自足的和个人的,与此同时也接纳全部的人性。

绝对道德命令不是什么

康德没有像一名恼羞成怒的学校教师一样发出质问:"要是每个人都这么做,你会乐意吗?"他,或者不如说是濒临行动的道德主体,无心探问或确认行动的可能结果,而是更关心做这个动作是否具有一致性和公平性。我有没有为自己开特例?或者,是不是任何其他人——实际上是每一个人——做我将要做的这件事都会使我快乐?

绝对命令也不仅仅是己所不欲勿施于人的一个更加堂皇的

> **道德理论**
>
> 目的论的道德理论，例如功利主义：善，以及使一个行动为善，是在于它达成了什么，如增加了世界上幸福总量，或防止了苦难。道德有促进幸福，或某种类似的目标的目的（或目标），包括道德主体的目的。
>
> 义务论的道德理论，例如康德的理论：善，以及使一个行动为善，是指这个行动是出于义务（或责任）而做出的。它引发的结果是无关紧要的。

版本。康德在一则脚注里，把这条黄金法则说成是"微不足道"的，并称它只是从我们的法则中衍生出来的，因为这条黄金法则没有包含对自己，或他人所负的义务的基础。它会容忍那些声称自己不想接受帮助，所以也不需要帮助别人的人，还会照顾获刑罪犯的想法：因为法官自己不想被关进监狱，所以他也不应该把罪犯关进监狱。

绝对命令与我们想要什么，或者我们想让自己如何被对待没有任何关系。它超脱于个人的欲望，上升到了一个理性推想向往的社会是什么样子的观点。纯粹的自利性行动，自行放弃了被应用为一条普遍法则的可能。理性宣告自身无效，任何人做出的任何行动都应当可以令人满意地成为每个人的强制性行动。

唯善意要紧

只是做出一个恰好同义务相符的行动是不够的，因为这个行动必须是出于义务而做的。甚至，如果一个行为是依据义务而做出，并非出于义务，而是出于某种其他的动机（可能是出于个人利益，或者为了追求荣耀），那么，因为它不是出于义务而做，就没有道德价值。康德举了一个小店店主的例子，这名店主在对待他的顾客时恪守诚实，一丝不苟，但是他的诚实只是出于谨慎而已，而如果他能够豁免一切对不诚实的处罚，那么他就会放弃这份诚实。

因此，"善意"之所以为善，其原因不在于它的结果，而仅仅是通过它的意愿。也就是说，善在自身。它能够实现的用处或成果，既不能对它的价值有所增益，也不能对其有所减损。我们所做的事情也是同样的。行动中本质的善在于心灵的意向，结果如何，由他去吧。

常识

康德说，他其实只是在用每个人内隐不宣的理性方式，来进行哲学上的表达而已（他这么说的时候，想到的是他没有受过教育的虔信的父母）。所有的道德概念都在理性中有一个完全先验的位置和本源，实际上，这在绝大多数日常的人类理性中，与在具有最高思辨性的理性中没什么两样。而既然这些概念不能出自仅仅是偶发的经验知识，情况就更是如此了。然而，理性自身就能帮助我们与义务的严格法则讨价还价，令它们适应我们自己的欲望和演绎。所以哲学上的澄清是必要的，它有助于我们正当地使用理性。

这里暗示出，随着社会变得越来越错综复杂，它们也会更倾向于在法律以及尤其是日常道德的方面诉诸行动的动机，而不是行动的结果。

绝对命令的公式

如果这些公式只是为了用不同的说法表述同一件事，那就很令人费解了。更有可能的是，第一个公式是旨在引出后面的公式：

1. 只能依据你可以希望它同时也是一条普世法则的准则行动。

这与公式2非常相似，但是更强调自然法则与主体和主体引发的事物相关。

2. 做出行动，就要想到你的行动准则将经由你的意志，而成为一条普世的自然法则。

同公式1很相似，但是更强调自然法则与行动结果相关。

3. 要以你一贯对待人性的方式做出行动，不论是对你自己还是对待他人，都绝不能仅仅把人性作为一种工具，而下面要同时也把它视为一种目的。

康德正是以这一特定的公式为依据，来看待下面四个例子的。例如，虚伪的承诺者是意在把另一个人仅仅作为一种工具

> **康德的举例：**
>
> （1）未遂的自杀：完全相同的一种感觉——自爱——既有促进生命延续的功能，也会导向它的毁灭，这就成为一个矛盾。这种行动过程不能作为一种自然系统有效存在。
>
> （2）空口无凭的承诺者问人借钱，本意是不打算遵守诺言还钱，但是他应该把自爱的需求转化为一条普世法则。然后他将意识到，如果每个人都开空头支票，就会让承诺以及承诺的目的本身不再有实现的可能，因为没有人会相信他被承诺的任何事情了，而只会把这一类的话当作空炮来嘲笑。
>
> （3）懒惰而有天分的人发现，可以有这样一种自然系统，其中的每个人都像"南海岛民"（康德通常以此作为放纵任性的耽于享乐者的例子）一样，全身心地沉浸于享乐之中，但是他不可能愿意这成为一个普世的自然法则，或者作为这样一种法则被自然本能根植于我们心中（康德在这里可以被指责说持有偏见，以及种族歧视）。
>
> （4）无视他人健康的幸福者不惮于说，让每个人都像他一样，由自己或者上天给自己安排幸福，但是一个做出如此决定的意愿却会与自身发生矛盾，因为这个健康幸福的人，自己也会在某些时刻需要爱和同情（叔本华反对说，这只是精明谨慎而已，并不是一种无懈可击的道德论证，但如果真是这样，就与康德的本意大相径庭了）。

来利用，以达成他不与他人分享的目的。如此被利用的人不可能赞同我对待他的方式，因而他本人也不可能分享行动的目的。

有时，人们在引用绝对道德命令的这个公式时，会省掉"仅仅"二字。但康德借此二字表现出来的实事求是，却是十分重要的。我们大多数人都在花时间把人们作为一种工具来使用，而人们对此也一致认同。同时，我们还不遗余力地把我们自己也作为一种工具，使用在我们要完成的一切工作当中。关键是，没有人理应被仅仅作为一种工具来对待。如果你打一辆出租车去帕丁顿车站，出租车司机完全乐意将自己当作你用来前往终点的工具，而且你也有权利这样"使用"他。但是，如果他突发心脏病，因不再是你抵达车站的工具，那么你没有权利直接跳下车，拦住下一辆出租车，一走了之。你有义务把这位出租车司机本身作为目的来看待。你必须呼叫救护车，并确保他能抵达医院，即使你会错过你的火车。

康德是个小个子，头很大，一边的肩膀比另一边高，还有一双十分明亮的蓝色眼睛。

4.要以如下方式行动：根据你的准则，在每一种情况下，你都是普世的目的王国中一名合法的成员。

康德明确表示，促进或达成幸福不是道德的目标。然而，这第四个公式还是把姿态放在了个人的善意之上，趋向于把履行义务的行动，置于一种在社会层面上产生好处的框架之中。

推及更形而上的层面，他在第二大"批判"中指出，奋力达成善意可能不仅仅是一种孤立的、纯粹理性的负担，而且契合于世界真实的样子。由一位渴求我们终极福祉的上帝，一手设计的一个充满善和意义的宇宙。把道德法则看作慈悲的、以我们的便利为准的，就是对道德法则的降格。如果我们不打算这样做，就不得不说明灵魂在变得神圣之前必须经历的永无止境的进步。因此，我们必须假定每一个理性存在物都有一种永久持续的人格：一个不朽的灵魂。

康德说，我们至少应该把一个善的上帝的存在性和灵魂的不朽性看作纯粹实践理性的假定前提。

一致性

康德确信，人类的理性，有了这面绝对道德罗盘在手，绝对有能力在它们面临的所有情况中区分出何为善、何为恶，何为对、何为错。他说，当我们做出不道德的行动时，我们就是为了照顾自己的倾向，而任性地为自己在普世法则之外开特例，哪怕只有这一次。但如果我们从完全相同的一个视角——理性——出发，做出整体上的权衡，那么我们就应该发现自己意愿中内在的一个矛盾，这个矛盾就是：一方面，一条特定的法则应该是一条客观必要的普世法则。而与此同时，在主观上又不应该被普遍地遵守，而是应该允许特例的存在。

不要认为你自己可以不遵守你应用在其他所有人身上的法则，不要当你自己有独一无二的特权。偏狭的不一致性必然是变态杀人狂的一种特征，比如一个拿着一把斧头杀害了自己的全家人，如果有人触犯到他，他就会狂暴不已。而在日常平凡生活的层面，道理同样如此。一名诈骗过你的租客，如果你不归还他的书，他也会满腔道德的义愤。

另一个人指出，你期待 x，而不赞同 y，但是你自己正在做 y。对此有一个亘古不变的回答：但是这不一样，毕竟它很少这样。

反对意见

1. 结果与道德冲突

（1）有些时候，我们直观地感觉到（虽然"感觉"在康德这里显然是站不住脚的）一个行动的结果比它内在的道德错误更重要，但结果实际上把平常是错误的事情变成了应当去做的正确的事。法国小说家邦雅曼·贡斯当在写给康德的一封信中说，无条件地履行说真话的义务，将使得任何一种社会都不再可能存在。如果一个谋杀犯正在追杀你的朋友，问你他在不在你的家里（其实他在），那么说谎就必然是正确的行动。但是康德回应说，如果你不能保持缄默，那么就应该说真话。他重申了绝对命令，可听起来似乎不太一致地导向了后果主义——谎言总会伤害他人,即使没有伤害到个人,也会伤害普遍意义上的人性,因为它使权利的源头变得不再值得相信。

(2)人们有时会抱怨,康德的道德主体太过明哲自保。在讨论对谋杀犯说谎的文章中,他说,如果你说出了自己认为是谎言的话,而你的朋友实际上已经离开了你的家,在大街上遇到了歹徒,并惨遭杀害,那么你就可以受到正当的起诉,而罪名便是在你的朋友的死亡事件中,发挥了工具性的作用。而如果你讲了真话,谋杀者在你的家里杀死了你的朋友,那么严格地说,就不是你造成了伤害,而是一场意外导致了伤害。康德在这里当然不是在表现犬儒式的精明谨慎,他意在展示的是本体自我如何免于现象上的争端。但是这在普通的道德主义者看来,这本身就像是自私地以道德主义的灵魂优先,而不管他人要付出何种代价。

(3)康德并没有真正地应对道德原则发生冲突,或者善行不可能而必须选择最不坏的行动的情况。

2. 后果和责任心

即使没有违反道德法则的情况发生,也必然只有一个站在第三人称视角的观察者才能说,它的动机重要,而它的结果不重要,而这个行动的施行者却不能说。在行动之前,善意的主体必须自觉地倾向于减轻苦难,说明难言的真相,或者该行动牵涉到的任何事情,而不是仅仅沐浴在他们的准则与动机的善性之中。

如果他们关注的只有出于义务而行动,而不是为了达成某种有价值的目的而行动，那么他们就是过度地痴迷于自我，而且/或者没有充分地投身于义务及义务在行动中所引发和构成之物。这其中必然也包括了行动的目标。只有在这之后道德主体才有权利说，行动失败或产生不良结果是无关紧要的。在行动之前，美德的主体必须构想并全心拥护行动的目标，否则它就不会真正成为他们所做的这件事的目标。他们的动机就不会是全心纯粹的了。所以只有观察者才能正当地说，在一种特定的条件下，一份善意或者一个行动是善的，不是作为达成某种进一步目的的工具而为善，而是自身为善。但实际上主体并没有资格这么说。

邦雅曼·贡斯当争辩说，无条件地说真话会让社会不再有可能存在。

3. 非人性化的取向

康德的哲学崇尚平等，这使得我们在一个道德共同体中所有的理性成员，都不偏不倚成为道德法则应用的对象。然而正是在使我们完全一样的做法中，暴露出了康德的一个问题：按照他的说法，仿佛我们都是彼此区分不开的无足轻重者，并且应该如此看待我们自身，但实际上我们当然是不一样的，而且也不应该仅仅关心这一个问题：我愿意让每个人、任何人去做我将要做的事吗？相反，我们（必然是正确地）要问的是：我愿意让任何一个妈妈/姐妹/老师/朋友做这件事吗？不可否认，他确实提到了义务的类型，但是绝对命令没有留下任何调适的空间。即便为了救一条生命，我们也不应该说谎。

后康德时代的义务论者偶尔会放开一些弹性的空间，但是显见的是，一个行动的准则越是个人化和定制化，给不公正和个人利益留下的空间也越多（让这成为一条普世法则吧。任何一个像我一样感受到悲伤和性渴望的人，都应该同她们朋友的丈夫私通）。量身定制的准则会削弱道德法则及其应用的力量，精准地瓦解了康德提出的具有一致性、公正性、平等性和理性的系统的全部意义。

然而，如果过于非人性化，则康德的系统就会招致常常加诸功利主义之上的同一种批评。例如，船沉之际，你会决意先救对社会最有价值，和最有用的乘客，而不是优先救你自己的孩子。

4. 情感和德性

与此有关联的一种反对意见是，康德本人生活枯燥，因而低估了以理性为交换代价的情感。

既然有道德行动，那么必然也有道德情感。按理来说，在某些特定的场合下，不感到悲哀甚或愤怒就是错误的。亚里士多德可能不是一名道德纯粹论者，但是他认为，道德在于自发地倾向于以特定的方式行动，而这些方式早已成为一个人全部天赋的一部分，这个理念之中蕴含着某些不仅仅具有吸引力的

康德认为每个国家都应该有一部保护公民自由并确保公民平等的共和宪法。

内容。同样是慷慨解囊的两个人，相比那个咬紧牙关才帮助我们的人，我们会更喜欢豪爽洒脱的一个，这难道只是审美上的偏见造成的吗？

  康德说得没错，热心是不可靠的，有些人天生就是坏脾气，但是他有时候会忽略性格培养的重要性，而这却是亚里士多德和德性伦理学（亚里士多德的当代化身）重点强调的方面。康德显然认可培养良好习惯的价值，和道德对自我塑造的关注，但是可能他在《道德形而上学基础》一书中呈现的道德系统有一种过于断断续续的问题。生活仅仅由一系列的道德决定吗？行动并没有太多地干预如我们的自我表达和自我展露这类事件的进程。决定是否说谎作为一个说明绝对命令的例子是有效的，但是爱呢？关于爱，康德可以回应说，它更多地关乎你做什么，

> **独身生活**
>
> 种种迹象表明，康德独身一生，了无牵挂（除了曾有一段时间需要供养兄弟姐妹）。在他父亲死后，他尽心尽责地帮助自己的家庭，在经济上对他的兄弟姐妹很慷慨。但是他避免与他们产生过多的联系。成年以后，康德可能已经觉得亲人和他之间没有任何共同之处了。当他的妹妹在他年迈的时候前来照顾他时，他为他妹妹的没有文化而感到难堪，不肯与她同台用餐。他的弟弟给他写过一封动情至深的信，他却在来信的一张纸上写下：全部的道德都在于行动从主体观念之中的源生，而不是从情感之中。

而不是你感受到什么。

5. 善的社会

所有这些理性的决策，如果它不处理人类福祉和苦难相关的问题，那么它到底对什么有帮助呢？个人欲望自然会占有一席之地，除此之外，还有一种向往的（既指令人向往，也指可以向往）社会。康德的第四个绝对道德命令公式，看起来把它考虑在内了——虽然他的伦理学是去政治化的，但是他在晚年也写过自己关于一个善的社会的想法。每个国家都应该有一部共和宪法，康德在他的论文《论永久和平》中写道：它是唯一能够确保公民的个人自由、共同立法和平等性的那类东西。而他对民主制则不太感兴趣。

6. 绝对道德命令是禁令式和否定性的。它提供的指引更多是不要做什么，而不是要做什么。

然而，正是因为同样的道理，它也避免了功利主义的傲慢。在功利主义中，因为促进大多数人的最大幸福是行动的唯一动机，所以侵犯人权和为了多数而牺牲少数都是被鼓励的。对于结果的专注，其本身就容易带来灾难性的后果。

7. **本体的和现象的**

康德的本体自我模型虽然令人振奋，但是很难看出它是如何运作的。按说，实践理性使意志得以凌驾于原因性（欲望与倾向的一般原因）之上，但本体的自我又是如何与现象的自我发生交互的呢？而且，即便原因性严格地限定于现象之内，但本体与现象的交互难道不会引生一个从本体到现象的因果关系吗？

康德说，意志是一种因果，它既与自然法则相契合，又使其自身不受所有自然法则的约束。但是他没有对此进行解释。

8. **道德运气**

康德主张的那种密不透风的行动评价方式——纯粹地基于行动主体的动机来评判一个行动的好坏，而不管行动的结果如何——在心理的和实践的层面上，都几乎是不可能的。说到底，还有一种被伯纳德·威廉斯称为"道德运气"的东西存在——行动结果的好坏，必然会影响它的接受度。例如，不小心驾驶可能会引发交通事故，也可能不会，但是只有当它真正造成交通事故时，司机才会被处罚。高更抛妻弃子之所以能被世人宽恕（假如世人真的宽恕了他），只能是因为他真正实现了在塔希提岛创作优美画作的目标。当然，不论结果如何，不小心驾驶的司机和高更的表现都算是行为不端，在这一点上，康德没错。

9. 偏见

叔本华说，康德自称没有对"善"或善性持有先入之见，同时想要表示出，他是在嘱咐我们基于理性创造自己的法则。可是他却对自己的动机和目标进行了自我神秘化，并把基督教的价值观偷运了进来。这就像是一个男人去参加舞会，整晚都抱着不切实际的成功希望，与一位戴着面具的美人调情，直到最后美人揭开面具，露出真容，才发现原来竟是他自己的妻子。

◎ 要点总结：

- 康德处理了道德一体两面而自相矛盾的本性，即它的超客观性和超主观性。它依赖于自由，而又与法则相关。它主张并依托于客观性和普世性，而（主观的和个人的）个体良知又是最终的裁决者。
- 康德想要找到一种对于所有理性存在物都具有普世性和必然性的道德法则。
- 理性不能以实现幸福为本质目的，因为本能更适合做这件事。理性的功能一定是产生善意，而善意是这个世界上唯一绝对的善，及至世界之外也如此。
- 善意是指出于义务而行动，而不是出于任何其他动机。
- 出于义务而行动就是出于对道德法则的敬意而行动。
- 检验我是否正出于对道德法则的敬意而行动的方法，就是看我当前行动所依据的准则（原则）。
- 我的行动所依据的准则，必须可以应用于每一个人，而不仅仅对我一个人适用。
- 假言命令给你的指示是，只有当你想要别的什么东西的时候，才去做某件事。
- 绝对命令指示你，你做某件事，是因为它自身有客观的必要性，而至于它与某种进一步的目的有什么关系，与此完全不相干。绝对命令在意的不是行动本身和它假定的结果，而是它的形式以及它所遵从的原则。
- 一个意愿的善绝不会被这个意愿引发的行动的结果好坏所影响。

- 康德说，虽然每个人不论如何都会使用绝对道德命令，但是掌握它的哲学公式将有助于避免自欺欺人。

术语表

抽象观念

根据洛克的说法，我们观察到有些特质群组总是规律性地同时发生，我们从这种观察中推断出的一般化概念就是抽象观念。基于抽象观念，我们把这些特质分类成事物和种类（实质，即实在的和名义的）。贝克莱对它嗤之以鼻。

统觉

莱布尼茨用来表示我们自己的心灵状态的术语，是关于感知的感知。康德假定了统觉的先验统一性，把感知综合成为我所拥有的经验的那种意识的同一性，但它自身是不可知的。

先验和后验

先验知识是独立于经验、不是从经验中得来且具有"必然性"的知识；没有任何经验能够否定它。唯理论称：举例而言，我们天生具有关于数学和道德价值的先验知识，但是不可否认的是，这些知识需要由经验和教育来进行激活。

后验知识是通过经验获得的知识，且依赖于事物在过去、现在和未来各种变化的情况。它没有必然的真实性，而只在一定的条件下为真。

原型和副本

原型是一种原初的模型或模式。柏拉图的每一种形式（理念）都是一种原型，赋予那些模仿它的特定事物它们的决定性本性和同一性。例如，一张床是一张床，因为它（部分地）与完美的"床的形式"相似。贝克莱的原型是上帝心灵中的观念，而人类的心灵拥有的是它的复制品（副本）。

原子论或微粒论

德谟克利特在公元前5世纪提出，现实最终一定是由不可分的粒子构成的，这些粒子不停地组合、分解、换一种方式再组合。这种原子论学说解决了物质恒常性的问题。罗伯特·波义耳和17世纪的其他科学家，把他们与此十分相似的理论称作"粒子主义"或"微粒论"，以此与原本被视为异端唯物论的学说做区分。

提出问题

在论证的开端精准地设定你需要在论证中通过论证证明的东西。

笛卡尔式的二元论

这种理论（由笛卡尔明确提出，但是古已有之）称：现实以及现实中的一切，由两种材料组成——心灵的和物质的。

绝对道德命令

在康德的道德哲学中，你自由地加诸自身的道德法则。与基于如果的假言命令（依赖于行动的目标和主体的欲望）不同，绝对命令具有无条件的约束力。在特定情况下要想检验什么是被许可的行动，就要问你自己，你是否愿意让其他所有人都有义务做这件事。

清晰分明的观念

这是笛卡尔关于观念或直觉提出的一个十分不清晰且不分明的概念，其模糊到令人挠头。清晰分明的观念，因为有理性的自然之光的照拂而过于直接、透彻且显著，乃至于不容质疑，因而可被视为真理的试金石。

兼容论（见决定论）

认为决定论和自由意志可以调和的一系列观念，主张只要（或但凡）我们可以做我们想要的事情，那么我们就算是自由的。与此同时也承认，我们只想要基因、环境和机遇导致我们想要的东西。它只是一种重新粉饰过的决定论，就像把一个"恐怖分子"叫成"自由战士"一样。

天性（Conatus）

斯宾诺莎的术语，指每一种有限的样式（实体）保存自己的存有的驱力。这种驱力是有限样式的本质，而且可以被视为决定它的行为的决定力或者物理因。

决定论（和自由意志）

道德和社会习俗，假定我们是基于我们自己的自由意志，自主地选择自己的行动，因此也对这些行动负责。科学表明，自由意志只是一种幻觉，因为人类不能免于决定宇宙万物的因果法则，决定论的主张即是如此。

情感主义

道德哲学中的一派观点认为，既然道德事实和道德只是不存在，且道德判断也因此不可分真假，那么它实际上只是一个表示同意与否的伪装后的表达形式，存在的目的是影响和说服（实际上"偷窃是错的"的意思是"偷窃：呸！"）。

认识论

研究我们可知之物的本性和范围、我们如何获得知识以及知识首先是不是有可能存在的哲学分支。

本质

一种实质的、关键的、决定性的属性，使得那种实体成为那一类实质。斯宾诺莎（根据一种主观主义的解读）说，实质似乎具有不只一种构成它本质的属性，或者（根据一种客观主义的解读），实质实际上确乎具有不只一种本质的属性。实际上这两种观点都令人困惑不解，因为"本质"中隐含了一种独一性。

洛克区分了实质的名义本质（基于观察到的规律性而人为制造出来的分类，通过这种分类，事物被分成了不同的类别）和实在本质（它真实的内在构造，按理说是分类的基础，但是始终是未知的）。

形式

1. 柏拉图的"理念"最常见的一种翻译为：一类事物中每个成员赋予特征的原型。
2. 使事物为其所是的结构。

唯心论

应该是唯观念论（idea-ism），因为它与观念（idea）有关，而不是心愿（ideal）。这一系列的观点都认为，现实是由心灵和/或心灵表征组成或构建的。主观唯心论（被归于贝克莱的一种观点）以个体的人类意识为起点。表象主义的前提是，所有我们直接感知到的东西都是我们的观念。由此他得出结论，只有感知到或被感知到的东西才存在，没有独立存在的"外部世界"。先验唯心论是康德的理论，认为我们只能认识被我们的心灵结构的现实，而物自身永远都在我们的知识范围之外。

非物质论

贝克莱发明的术语，聚焦在唯心论的消极方面——对于物质事物的否定——但是常常被用来作为唯心论的同义词。

印象

休谟认为"观念"这个词太过宽泛，于是使用"印象"来描述我们直接的感官知觉，与从印象中"拷贝"过来的不够鲜活，但更持久的"观念"（概念）形成对比。至于我们的印象是否由外部世界中的特质或事物所引发，他本人不置可否。他个人的立场很可能接近现象主义或唯心论。

间接实在论

这种观点认为，一个真实

的、独立存在的世界虽然存在，但是我们只能通过我们的"观念"（感觉材料）间接地感知到它。

归纳法

一种推理方式，根据对同一类型的事物或事件的反复观察，总结出一条关于这个类型的普遍法则或原则，因此习惯性地使用一般现在时描述它的功能或本性（例如，水总是在一百摄氏度下沸腾，因此一百摄氏度是水的沸点。所有可见的天鹅都是白色的，因此所有的天鹅都是白色的。）归纳法有可能被证伪，比如第二个例子。而休谟便以对归纳法合理性的质疑而著称。

心身问题

在一种关于世界的科学解释中如何安置心灵状态的问题。不断有人提出，心灵状态只是大脑的状态而已，或者心灵相关的术语"实际上"是对于行为的描述，或者甚至有人说，"心灵"这一范畴本身就是返祖的多余之物。迄今为止，所有这些说法看起来都是说不通的，也不能令人信服地解释主观性。我们的经验对于我们而言就感觉像是某种东西，而我们的思想也指向外在于活跃神经的东西。

样式

一种实质所经历的改变。例如，在春天变得翠绿，在秋天变得金黄。斯宾诺莎不仅把"样式"用于实体（在现实的统一化实质之内），还涵盖了事实、事件和关系。

一元论

这类观点主张现实以及现实中的一切，都由一种材料构成，可以是心灵的（唯心论），也可以是物质的（唯物论）。或者（斯宾诺莎）称现实只包含一种实质。

道德运气

这种观点指出，我们不会（而且出于心理学和法律上的原因，实际上也不能）单纯依据主体的意图来评价一个行动，而是不可避免地倾向于考虑它带来的后果。假如高更所绘制的关于塔希提岛的画作没有那么杰出，那么他抛妻弃子的自私行为看起来就会更坏。

道德理性主义

这类观点认为，道德源于理性，并以理性的方式运作。道德原则、道德事实或者道德价值（这个特定理论中的一切特征）通常都被认为是客观的、绝对的和先验可知的，可能是内置于天生的观念之中，通过理性得以识别和规整。

自然主义

这种观点认为，原则上，一切事物都可以通过科学的方法得到解释，而且我们把人类视为以某种方式不同于乃至高于自然的倾向也应当被抵制。

必然关联

一个因必然伴随着它的果。正如休谟指出，这是我们从未经验过的一个假定事实，因而在经验论看来这不是一个事实。休谟试图瓦解我们对于必然联系的信念，可又在心理的层面解释了这种信念，从而启发了康德的形而上学。

本体（和现象）

康德用来指代物自身的术语，它不以我们关于时间和空间的直觉，以及范畴为中介，我们永远都不可能认知它。"现象"是我们必然感知到的事物，也就是被时间、空间和范畴结构的本体。

本体论

形而上学的一个领域，相对不关心作为整体的现实的本性，而更关注构成现实的特定实体（虽然这些被算作存在物的东西本身也自然要依赖于有关现实整体本性的说辞）。

现象主义

经验论的根本形式，主张我们所能知道的一切都是我们的感官经验——17世纪和18世纪的哲学家会将其称为"观念"，当代哲学家称其为"感觉材料"。在唯心论秉承形而上学的地方,现象主义是持认识论的——在某些版本里,有关一个(在我们的知识之外)独立存在的外部世界是否存在,仍是一个待解的命题。

规定主义

一种由赫尔原创的元伦理学理论,同情感主义一样,也主张道德陈述不能是事实陈述,反而从本质上说是一种赞扬(或谴责),并且是一种特殊的命令,规定任何做出这种陈述的人都不得不将其应用在自己和其他所有人的身上。

第一性的质和第二性的质

第一性的质是一个客体。不论其是否被感知到,都会具有的特质——例如,它的形状、大小、重量、动静状态和数量。它们可以进行数学上的测量,并可被两种感官感知——视觉和触觉。

第二性的质是通过与我们的感官交互,而系统性地引发我们产生与它们并非真正相似的观念的(客体中的)特质——例如,光线与我们的视锥、视杆与视网膜交互作用,引发我们看见颜色。

这些术语是由洛克规范的,但是笛卡尔已经明确地表达了它们所暗含的概念。

唯理论

一种哲学方式,与感官经验相比,在不同的程度上,更偏向以理性作为知识的根基和裁决者。

反省

在洛克看来,感觉和反省是相继为我们提供知识的材料。与统觉不同,反省是关于我们心灵活动的内在自觉。这个术语似乎还指向心灵活动本身,即把我们被动创造的感觉观念储存在记忆中,然后对这些观念进行对比、组合与泛化。

具体化

"rei"是拉丁文中"事物"的意思。具体化就是把本来(或可能)不是一种事物的东西,当作它一定是某种事物来看待——例如,自我、一种感觉材料,或无人。

感知的表象理论

这种观点认为,我们直接感知到的所有东西,都是我们自己的"观念"(感觉材料),是由外在于心灵的事物的特质引发的。在洛克看来,观念是第一性的质的精准拷贝,并经由第二性的质,以一种系统化的方式进行了改动。可是,它说不清楚,如果引发我们观念的特质本身是不可感知的,而且永远也不可能拿来与我们的观念进行比较,那么我们又如何能够知道我们的观念与这些特质相似。

经院哲学

在欧洲的大学里进行操练的一种哲学,在10世纪到17世纪之间,由阿拉伯和犹太学者主持,关注于神学、语言、逻辑、普世性问题、对通常没有良好翻译的亚里士多德文本的解读,以及以圣经规整古希腊的权威论说。"经院哲学"逐渐成为独断论、蒙昧主义和诡辩论的代名词。

感觉材料

感觉经验的碎片——颜色、声音、味道、纹理、气味——在感知的表象主义理论中,于形成心灵表征外部世界的一种马赛克的过程中被构想出来。我们还可以有虚幻的感觉材料。

感伤主义

在18世纪初为反对道德理性主义而兴起的一种观点。如弗兰西斯·哈奇森这样的感伤主义者认为:道德的实践起源于情感(特别是同情),而不是理性,且持续以情感为动机。在休谟看来:同情确实是道德的基础,但是他并没有用这个术语表示同情本身,而是用来表示他认为对同情有所促进的东西——通过同情自动地接收并复制他人感觉的心理机制。

社会契约论

关于文明社会先决条件的一

系列论点，可能是如实的条件，也可能是隐喻的条件——人类最初生活在一种野性的、无法无天的环境里，但是后来共同达成一致，以牺牲个人自由为代价换来和平、法律和政府管理之下的稳定性。在洛克看来（对于某些心境下的卢梭也是如此）"自然状态"是相对良性的。但是在霍布斯看来，自然状态的弱肉强食太过恐怖，几乎任何一种政权都比它强。

唯我论

认为只有我和我的经验必然存在的信念——这种信念源自把直接的个人经验当作知识的必然根基：有什么能保证在我的经验之外还有任何东西存在呢？

实质

由亚里士多德最先创造的一个概念，用以表示独立存在的某种东西，它的特征或样式可能随时间改变，但是它保持不变。斯宾诺莎断言说，上帝是实质的唯一候选人。笛卡尔也说过同样的话，但是他补充说，还有两种被创造出来的实质——精神的和物质的。洛克的感知表象理论迫使他在实质若是存在，则应为何物的问题上闪烁其词。贝克莱认为，只有精神实质存在。休谟认为，任何一种实质都不存在。康德说，鉴于我们的心灵结构经验的方式，我们不得不在这个世界上辨认出实质，而不管它们真实存在与否。

启蒙主义人物表

弗朗西斯·培根（1561年—1626年）：经验论者、科学家、政治家、散文家。

伽利略·伽利雷（1564年—1642年）：科学家、日心论者。

托马斯·霍布斯（1588年—1679年）：政治哲学家。

罗伯特·菲尔默（1588年—1653年）：王权神圣的拥护者。

马林·梅森（1588年—1648年）：数学家、博学者、笛卡尔的好友。

皮埃尔·伽桑狄（1592年—1655年）：数学家、天文学家，曾与笛卡尔通信。

勒内·笛卡尔（1596年—1650年）：二元论者、唯理论者、物理学家、几何学家、数学家。

皮耶·德·费马（1601年—1665年）：概率论理论家。

安托万·阿尔诺（1612年—1694年）：神学家、数学家、笛卡尔的好友。

拉尔夫·库德沃斯（1617年—1688年）：道德理性主义者。

波希米亚的伊丽莎白公主（1618年—1680年）：笛卡尔的哲学通信对象。

安东尼·阿什利·库珀（沙夫茨伯里伯爵一世，1621年—1683年）：政治家、洛克的赞助人。

布莱士·帕斯卡（1623年—1662年）：数学家、科学家、散文家，以"帕斯卡的赌注"著称。

玛格丽特·卡文迪什（1623年—1673年）：哲学家、诗人。

海林克斯（1625年—1669年）：弗拉芒的哲学家、笛卡尔的追随者。

瑞典女王克里斯蒂娜（1626年—1689年）：笛卡尔的哲学学生。

罗伯特·波义耳（1627年—1691年）：科学家、洛克的好友。

安妮·康韦（康韦子爵夫人，1631年—1679年）：唯理论哲学家。

巴鲁赫·德·斯宾诺莎（1632年—1677年）：主要的唯理论哲学家。

约翰·洛克（1632年—1704年）：主要的经验论者、政治哲学家。

塞缪尔·冯·普芬道夫（1632年—1694年）：社会契约理论家。

尼古拉斯·马勒伯朗士（1638年—1715年）：偶因论哲学家。

艾萨克·牛顿（1643年—1727年）：科学家、微积分的共同发明者。

戈特弗里德·莱布尼茨（1646年—1716年）：主要的唯理论者，以无窗的单子著称，微积分的共同发明者。

比埃尔·培尔（1647年—1706年）：怀疑论者、影响深远的《历史批判辞典》的作者。

约翰·托兰（1670年—1722年）：爱尔兰政治哲学家、有争议的宗教哲学家。

詹巴蒂斯塔·维柯（1668年—1744年）：意大利政治哲学家、历史哲学家、原型社会科学家。

贝尔纳德·孟德维尔（1670年—1733年）：政治哲学家、经济学家、讽刺作家。

克里斯蒂安·沃尔夫（1679年—1754年）：唯理论哲学家、莱布尼茨的追随者，对康德产生过影响。

乔治·贝克莱（1685年—1753年）：经验论哲学家、非物质论者。

亚历山大·蒲柏（1688年—1753年）：诗人、讽刺作家、贝克莱的好友。

夏尔·德·塞孔达（孟德斯鸠男爵，1689年—1755年）：政治哲学家，以《法的精神》和《波斯人信札》著称。

约瑟夫·巴特勒（1692年—1752年）：哲学家、神学家、主教。

伏尔泰（弗朗索瓦-马利·阿鲁埃，1694年—1778年）：法国启蒙运动的代表人物，作家、哲学家、讽刺作家。

弗兰西斯·哈奇森（1694年—1746年）：感伤主义道德哲学家、原型功利主义者。

约翰·卫斯理（1703年—1791年）：神学家、牧师，共同创立了卫理宗。

大卫·哈特莱（1705年—1757年）：心理学与生理学哲学家。

埃米莉·夏特莱（1706年—1749年）：数学家、物理学家、牛顿的翻译者。

朱利安·拉美特利（1709年—1751年）：物质论哲学家，以《人是机器》著称。

塞缪尔·约翰逊博士（1709年—1784年）：散文家、词典学家、道德家、智者。

托马斯·里德（1710年—1796年）：苏格兰启蒙运动成员、苏格兰常识学派的创立者。

大卫·休谟（1711年—1776年）：经验论哲学家、道德哲学家、散文家、历史学家。

让-雅克·卢梭（1712年—1778年）：政治哲学家，影响了原始主义风尚，教育学家、作曲家、经济学家。

德尼·狄德罗（1713年—1784年）：法国启蒙主义代表人物、哲学家、《百科全书》的编者，卢梭一段时期内的挚友。

埃蒂耶纳·德·孔狄亚克（1714年—1780年）：认识论者、心灵哲学家。

克洛德·阿德里安·爱尔维修（1715年—1771年）：心理学和教育哲学家、决定论者、百科全书派成员。

让·达朗贝尔（1717年—1783年）：数学家、哲学家、科学家，与狄德罗共同编纂《百科全书》。

霍尔巴赫男爵（1723年—1789年）：哲学家、决定论者、百科全书派成员、沙龙主人。

亚当·斯密（1723年—1790年）：经济理论家、苏格兰启蒙运动成员。

伊曼努尔·康德（1724年—1804年）：形而上学家、道德哲学家、美学哲学家。

摩西·门德尔松（1729年—1786年）：犹太启蒙运动成员，康德的同代散文家。

戈特霍尔德·莱辛（1729年—1781年）：德国哲学家、剧作家和艺术批评家。

埃德蒙·伯克（1729年—1797年）：被归为保守派的政治哲学家。

托马斯·潘恩（1737年—1809年）：革命政治哲学家和活动家，《人的权利》的作者，影响了美国独立战争。

詹姆斯·鲍斯威尔（1740年—1795年）：苏格兰传记作家，最著名的是他为塞缪尔·约翰逊写作的传记。

托马斯·杰斐逊（1743年—1805年）：被归为自由派的政治哲学家。

威廉·帕雷（1743年—1805年）：哲学家、基督教护教论者、神职人员。

马奎斯·孔多塞（1743年—1794年）：政治哲学家和数学家。

杰里米·边沁（1748年—1805年）：道德哲学家、功利主义的开创者。

约翰·歌德（1749年—1832年）：小说家、剧作家、诗人。

杜格尔德·斯图尔特（1753年—1828年）：苏格兰道德哲学家。

威廉·葛德文（1756年—1836年）：政治哲学家、小说家、无政府主义者，玛丽·沃斯通克拉夫特的丈夫。

马克西米连·罗伯斯庇尔（1758年—1794年）：律师和政治家，法国大革命和恐怖统治的关键人物。

玛丽·沃斯通克拉夫特（1759年—1797年）：哲学家、女性主义者，《女权辩护》的作者，玛丽·雪莱的母亲。

弗里德里希·席勒（1759年—1805年）：浪漫主义哲学家和剧作家。

约翰·戈特利布·费希特（1762年—1814年）：哲学家，德国浪漫主义的奠基人。

日耳曼妮·德·斯塔尔夫人（1766年—1817年）：女作家，沙龙女主人。